WANDELLUST

Twan Huys

Wandellust

2020 Prometheus Amsterdam

Voor Bets en Frits. Zij leerden me wandelen.

Omslagontwerp Jan van Zomeren
Foto omslag Dana Lixenberg
Lithografie afbeeldingen Marc Gijzen
Kaart binnenwerk Yde Bouma
Zetwerk Mat-Zet bv, Huizen
www.uitgeverijprometheus.nl
ISBN 978 90 446 4286 5

**‘Wandelen
is het
beste
medicijn.’**

Hippocrates

INHOUD

OP PAD 10

VIJLEN

Walsend en wandelend door Limburg 18

WANDELROUTE 26

HET SPRINGENDAL

Een meesterlijke middag met Herman Finkers 30

WANDELROUTE 38

DE KAAPSE BOSSEN

De achtertuin van prinses Irene 42

WANDELROUTE 52

HET GEHEIM VAN TERSCHELLING

én met Jan Wolkers naar Rottumerplaat 56

WANDELROUTE 64

HET LEUDAL

De gelukkige wandelaar 68

WANDELROUTE 76

TIENGEMETEN
Het kleinste bewoonde eilandparadijs van Nederland 80
WANDELROUTE 92

DE STRIJBEEKSE HEIDE
Een smokkelpad op de Belgische grens 96
WANDELROUTE 102

DE MANTELING
Driemaal daags lopen is het devies 106
WANDELROUTE 114

DE DUIVELSBERG
Het wandelwalhalla van Nederland 118
WANDELROUTE 122

DE MILLINGERWAARD
Het troostrijke wandeltempo 126
WANDELROUTE 136

DE SCHOORLSE DUINEN
Wandelen als loopbaan 140
WANDELROUTE 146

DE MARIAPEEL
Het land van mijn jeugd 150
WANDELROUTE 158

DE LEUVENUMSE BOSSEN
Wolvensporen op de Noord-Veluwe 162
WANDELROUTE 172

Gaasterland

Wandelen is het pauzeprogramma van Geert Mak 176
WANDELROUTE 186

De Marker Wadden

Het nieuwe Nederland in het Markermeer 190
WANDELROUTE 200

Het Gerendal

Het Toscane van Limburg 204
WANDELROUTE 208

Het Leersumse Veld

Jane Goodall heeft een hekel aan 'hiken' 212
WANDELROUTE 222

'Go out and walk' 224

Woord van dank 229
Fotoverantwoording 230

OP PAD

Het contrast met de drukte en de chaos van drie maanden geleden kan niet groter.

Vlak voor mijn neus vliegen koolmezen af en aan, ze voeren hun jongen voor me in de heg. Een houtduif klapwiekt door de lucht, in de verte klinkt het hameren van een zwarte specht, overal zoemen bijen en hommels. Het is vroeg in de ochtend, zeven uur, de zon maakt nu al overuren. Meteorologen voorspellen voor deze eerste junidag een warmterecord. Het wordt een tropische dag, met lokaal tweeëndertig graden de warmste junidag ooit gemeten. Binnen slaapt mijn familie: mijn ouders Bets en Frits, mijn vrouw Cheryl, onze kinderen Dylan Rose en Jack.

Ik zit buiten op een stoel voor het huisje, gezicht naar de zon in het oosten, uitzicht op de boomgaard en het kleine weiland naast het zandpad. Merels, goudvinken, sijzen en kraaien. Het is alsof alle vogels tegelijkertijd hebben besloten een aubade te brengen.

De Duivelsberg is een piepklein, maar onwaarschijnlijk mooi natuurgebied van 125 hectare vlak bij Nijmegen. We logeren in de oude woning van boswachter Piet van Rossem. Het pad naast zijn huis is na zijn dood naar hem vernoemd als eerbetoon aan zijn inzet voor het behoud van dit paradijs. Want dat is het.

Een jaar lang wandel ik nu al door de mooiste natuurgebieden van Nederland. Overnachten doen we in oude boswachterswoningen, ver weg van de bewoonde wereld.

Voor mijn werk heb ik in alle windrichtingen gereisd: Afghanistan, Somalië, Kongo, de Verenigde Staten waar ik zeven jaar gestationeerd was als correspondent. En overal heb ik gewandeld. In New York, Washington DC, en samen met Cheryl liep ik delen van de Appalachian Trail aan de oostkust. We maakten lange wandelingen langs fjorden in Noorwegen, en hoog boven de Elbe in de Sächsische Schweiz liepen we over de prachtige Malerweg.

In Zuid-Limburg, de provincie waar ik ben geboren en opgegroeid, ken ik de wandelpaden goed. Maar de natuurgebieden in de rest van het land heb ik nauwelijks verkend.

Te voet het bos in, de hei op, door de polder en op het strand zie ik Nederland eigenlijk nu pas voor het eerst. En het blijkt spectaculair mooi.

Dit jaar wandel ik met mijn gezin, mijn ouders, vrienden, boswachters en andere mensen die me dierbaar zijn. Zielsverwanten met liefde voor de natuur en fervente wandelaars. Over hun levens en de mooiste Nederlandse wandelgebieden gaat dit boek.

Ik vraag mijn wandelgenoten het hemd van het lijf, maar mezelf ondervragen is een stuk lastiger, zeker als het gaat om het televisieavontuur dat niet van de grond kwam. Maar dat is wel de aanleiding geweest voor deze fraaie wandeltochten door Nederland. Er moest kennelijk eerst iets misgaan in mijn professionele bestaan. Een harde klap maakte plotseling ruimte en tijd voor deze lange wandelingen.

Drie maanden eerder, een maandag begin maart.

Diep ademhalen en rustig blijven, neem ik me voor. Om me heen zie ik medewerkers van het programma met tranen in de ogen. De laatste minuut gaat in.

Bijna een jaar geleden zijn we goedgemutst en met veel vertrouwen gestart aan een riskante onderneming. Een nieuwe RTL *Late Night*, vijf avonden in de week, acht maanden lang, 180 afleveringen.

De omroepbazen willen een ambitieus, informatief programma, zonder de eindeloze rij televisiesterren uit eigen stal. Het moet weer spannend worden, journalistiek en nieuwsgierig. Na maandenlange gesprekken met de zender laat ik me verleiden. Ik krijg carte blanche. Dit is een avontuur waar ik ongelooflijk veel zin in heb, zo'n kans dient zich niet vaak aan.

Maar waar we zo hoopvol aan begonnen, strandt al na zes maanden. De kijkcijfers zijn dramatisch en de kritiek meedogenloos. En ook al ben ik binnengehaald voor een journalistiek programma, het management van de zender verandert van plan en wil al snel een lichtere toon. De kijkers die aanvankelijk wel keken, zijn volgens RTL te oud, financieel oninteressant en behoren niet tot de doelgroep. Het schip moet overstag; zo zijn de wetten van commerciële televisie. Wat overblijft is een programma dat niet bij mij past. Een kat in een vreemd pakhuis.

Op de klok in de studio tikken de laatste seconden van onze allerlaatste uitzending weg. Adem in, adem uit. In mijn kleedkamer een uur eerder schrijf ik mijn slottekst.

> Het was een groot avontuur en natuurlijk, ieder avontuur gaat gepaard met risico's. Wie een hoge berg wil beklimmen weet nooit zeker of hij de top haalt. We hebben het geprobeerd, maar moesten onderweg de poging staken. En dat is ontzettend jammer. Het was voor mij stormachtig, een wilde achtbaan zoals ik hem zelden heb meegemaakt. Heftig, maar ik heb geen moment spijt van het avontuur. Ontzettend bedankt voor het kijken, hier eindigt *Late Night*. Nog een fijne avond.

Het laatste applaus, de studiolampen gaan uit. Naast de spiegel in de kleedkamer heb ik bij de start van het programma een briefje neergelegd met daarop een mooie uitspraak van Arnon Grunberg. Ter aanmoediging en steun. De afgelopen maanden heb ik de tekst vaak herlezen.

In zijn afscheidsinterview als dagelijks columnist in *de Volkskrant* krijgt Grunberg een mooie vraag voorgelegd: welk advies zou u de twintigjarige Arnon geven?

Het is dezelfde adviesvraag die ik elf jaar lang heb gesteld aan gasten van het televisieprogramma *College Tour*. En ik weet dat Grunberg met zijn antwoord gelijk heeft, maar vanavond even niet:

'Niet opgeven. Bestrijd je angsten door te doen waarvoor je bang bent. Voel je niet miskend. Leer afwijzingen niet persoonlijk te nemen, hoe moeilijk dat ook is. Een leven zonder afwijzingen is saai en vermoedelijk onmogelijk.'

Na te veel drank fiets ik diep in de nacht naar huis. Deze dag is bizar. Het slotakkoord van het programma was 's middags de opening van het NOS *Journaal*. Een fotograaf achtervolgde mijn vrouw op het schoolplein en bij de buren werd aangebeld door een cameraploeg. Of ze misschien een boodschap hadden voor hun gekwelde buurman.

Het is vier uur in de ochtend als ik richting voordeur loop. Midden op de stoep voor mijn huis staat een auto geparkeerd. Als ik de sleutel in de voordeur steek, vliegt het portier open. Een fotograaf rent achter me aan en worstelt met zijn camera. Hij lag vast te slapen en is gelukkig net te laat voor de treurige foto die hij ongetwijfeld voor ogen had.

'Twan, alsjeblieft, blijf even staan,' smeekt hij. 'Eén foto maar!'

Ik ben hem net te snel af en duik mijn huis binnen.

De aandacht is overweldigend en voor het eerst voel ik me in mijn eigen stad niet vrij om te gaan en te staan waar ik wil.

Ik stuur ze een kort bericht. Of ik een paar dagen langs mag komen.

> Hi Twan,
> Ik heb net koffiegezet en we zitten bij het haardvuur. Je bent welkom voor een bezoek om je ziel te vernieuwen.
> PS We beginnen met *mapling*, dus neem een lange onderbroek mee. Er is hier gisteren dertig centimeter sneeuw gevallen, maar nu schijnt de zon. Het is een prachtige tijd van het jaar.
> Camilla

'Niet opgeven. Bestrijd je angsten door te doen waarvoor je bang bent.'

'Moet je niet even weg?' vraagt Cheryl. Een goed plan. Het is tijd de stad te verlaten. Afkoelen en ontsnappen aan de gekte rond een ongelukkig televisieprogramma. Tijd voor frisse lucht in een vertrouwde omgeving bij goede vrienden die zich niet bezighouden met Nederlandse media.

Op pad naar New Hampshire, mijn favoriete Amerikaanse staat, al was het maar vanwege het motto: *Live free or die*. Onze vrienden Camilla en Jamie wonen hier in een prachtig bosgebied vlak bij de stad Peterborough.

Hun huis ligt ver afgelegen van het dichtstbijzijnde dorp Temple. Als ik aankom is het schitterend winterweer; zonnig, blauwe lucht en ijskoud. Binnen brandt de houtkachel op volle kracht. De komende weken help ik mee met *mapling*, de oogst van de esdoornsiroop. We boren kleine gaatjes in de boom. Door blauwe plastic slangen stroomt het sap van de bomen naar een grote container. In een schuur stoken we dagenlang een houtvuur onder een grote pan zodat het vocht inkookt tot stroperige esdoornsiroop.

We hebben Jamie en Camilla vijftien jaar geleden ontmoet in New York. Een stad die zij hebben verlaten nadat bij Jamie kanker werd geconstateerd. Aanvankelijk zag het er slecht uit, maar uiteindelijk krabbelt hij weer op en besluiten ze samen hun topbanen bij een grote bank en een uitgeverij op te zeggen voor een nieuw bestaan. In de bossen van New Hampshire geneest Jamie van een levensbedreigende tumor. Nu leven ze ontspannen en laten zich inspireren door de natuur.

'We zijn net op tijd ontsnapt aan de ratrace in New York,' zegt Camilla. Ze heeft een ijzersterk gevoel voor humor, pest mij graag maar is toch vooral een warme, spirituele vrouw. Als ik haar vertel over de worsteling van de afgelopen maanden, zegt ze lachend: 'When the ego cries, the soul rejoices.' In die zin zit veel wijsheid. Het ego als obstakel van de ziel.

'Je hebt je vrijheid weer terug, wees blij,' vindt Jamie. Ook dat klopt. Nederland is hier ver weg en het gesprek gaat al snel over andere zaken dan een dagelijkse talkshow.

Iedere dag sta ik om zes uur op voor een lange tocht door het besneeuwde landschap. Het is stil hier. Langzaam verdwijnt het rumoer in mijn hoofd en knapt mijn humeur op. Het is precies zoals de Griekse arts Hippocrates 2400 jaar geleden al zei: 'Wandelen is het beste medicijn.'

Rottumerplaat
Terschelling
Gaasterland
De Schoorlse Duinen
De Marker Wadden
Het Springendal
De Leuvenumse bossen
Het Leersumse Veld
De Kaapse Bossen
De Millingerwaard
De Duivelsberg
Tiengemeten
De Manteling
De Strijbeekse Heide
De Mariapeel
Het Leudal
Het Gerendal
Vijlen

VIJLen

VIJLEN

Walsend en wandelend door Limburg

Nieuwjaarsdag, de zon boort zich een weg door de ochtendmist. Takken in het bos zijn bedekt met rijp, zelfs de spinnenwebben zijn bevroren. De temperatuur is net boven nul en alles ruikt nieuw. Langzaam ontdooit het witte landschap, eikenbladeren knisperen onder mijn voeten.

Het is halfelf in de ochtend als de mist optrekt en de lucht felblauw kleurt. Limburg slaapt zijn roes uit, maar als het aan deze eerste dag van het jaar ligt belooft 2020 veel goeds.

Ik wandel langs het bankje bij de grenspaal Eijsden – Margraten, waar ik jaren geleden mijn ouders heb gefotografeerd. Breeduit lachend midden in het mooiste landschap van het land, de benen gestrekt na een lange wandeling over heuvels en door dalen. Vlakbij staat midden in het veld een eenzame, monumentale eikenboom die vaak de achtergrond vormt van onze familiefoto's.

Hoeveel wandelingen hebben we al in Zuid-Limburg gelopen? Vanaf Herberg de Smidse in Epen, langs de kronkelende Oude Geul waar de bevers dammen bouwen. Vanuit Café d'r Pley in Noorbeek, bergop over de Boyeweg met aan weerszijden meidoorns, hazelaars en fruitbomen, naar de grens met België richting Sint-Martensvoeren. En langs de meanderende Geul, door Slenaken, naar De Plank waar op de zuidhellingen de afgelopen jaren wijngaarden verschenen. En er duiken steeds weer nieuwe routes op. Zuid-Limburg heeft wandelaars eindeloos veel moois te bieden.

Met mijn familie, negen man en vrouw sterk, lopen we vandaag vanuit het centrum van Vijlen door de weilanden naar het oosten en dan richting de abdij Sint-Benedictusberg. Vijlen afficheert zichzelf als het enige bergdorp van Nederland. Het ligt bijna 200 meter boven NAP, de omgeving is *picture perfect*. Vakwerkhuizen uitgezaaid in het bergachtige landschap; het dorp en de kerk zijn de kersen op de taart. Dit is het domein van fietsers en wandelaars. De route die wij vandaag lopen kreeg ik aangereikt door Yvonne Cox, eigenaar van het bekende wandelcafé A Gen Kirk in het centrum van Vijlen, en schrijver van twee succesvolle wandelgidsen.

'Zuid-Limburg heeft wandelaars eindeloos veel moois te bieden.'

Op mijn verzoek heeft ze een route uitgezet waarvan de paden nog niet zijn uitgesleten.

We vertrekken vanaf café A Gen Kirk en lopen het dorp uit en het heuvellandschap in.

De weilanden zijn drassig, en de paden soms een modderpoel. Maar de zon schijnt en de lucht is helder en verfrissend. Ik loods mijn familie langs een dassenburcht. Naar beneden gaat het, via een holle weg richting het gehucht Mamelis, waar een bruin-wit gevlekte poes met mijn zoon Jack meewandelt. In de verte op de berg ligt de abdij.

Zoals zo veel moois in het leven hebben mijn ouders me het wandelen voorgedaan. Het zit in ons bloed. Zover als mijn geheugen reikt, hebben we lange tochten gemaakt met de familie.

De afgelopen vijfendertig jaar trekken we er ieder jaar gezamenlijk op uit.

Drie generaties, ouders, kinderen en kleinkinderen. Avontuurlijk zijn we niet – rond de kerst strijken we altijd weer neer in hetzelfde boswachtershuis in het Gerendal in Zuid-Limburg, de provincie waar we zijn opgegroeid.

Mijn zus en ik zijn zonder taboes opgevoed. Het is het enige verwijt dat we mijn ouders kunnen maken; inspiratie voor een treurige bildungsroman zat er niet in. Wel leerde ik van mijn moeder met carnaval walsen en van beiden wandelen.

Ook al waren we rooms-katholiek, gedoopt, compleet met communie en het heilig vormsel, de kerk had gelukkig maar mondjesmaat invloed op mijn leven. Ver voor mijn tijd hadden mijn ouders Bets en Frits zich al afgezet tegen de kerkelijk dogma's. De jaren zestig kregen ook vat op hun provinciale leven. Voorbehoedsmiddelen deden, aanvankelijk onder de toonbank bij de apotheek, hun intrede. Huwelijken werden ontbonden, door de introductie van de pil daalde het geboortecijfer en steeds meer vrouwen kregen grip op hun eigen leven, ook buiten het aanrecht.

Langzaam verloor de clerus zijn verstikkende greep op de levens van gelovige Limburgers. De kerken liepen leeg en de klokken zwegen op zondag. De kerk tegenover mijn ouderlijk huis is tegenwoordig een basisschool.

Maar voor het zo ver was moest ik in de jaren zeventig van de vorige eeuw verplicht op zondag naar de kerk.

Het was de treurigste dag van de week.

Opstaan, zondagse kleren aan, gehaast ontbijt, de straat over naar de ochtenddienst in de Sint-Norbertuskerk, die in een nieuwbouwwijk uit de jaren zestig staat. Spijbelen kon niet. We woonden op vijftig meter afstand en de kerkklokken waren de wekker. En hoewel mijn ouders steeds kritischer werden op de aartsconservatieve bisschop Jo Gijssen van Roermond, was het loopje naar de kerk nog steeds verankerd in onze wekelijkse routine.

Na de standaard slaapverwekkende preek en de plakkerige, smakeloze hostie, stemde mijn vader thuis de radio af op zijn favoriete Duitse programma *Frühshoppen*, met opgewekte

Bets en Frits Huys

schlagermuziek van de Duitse superstars Freddy Breck, Rex Gildo en de albinozanger met zwarte bril, Heino. Ik vermoed dat we zijn grootste hit keihard meezongen.

> Ja, ja, so blau, blau, blau blüht der
> Enzian,
> Wenn beim Alpenglühen wir uns
> wiedersehen,
> Mit ihren ro-ro-ro-roten Lippen
> fing es an,
> Die ich nie vergessen kann!

Mijn moeder serveerde zondagse soep (runderbouillon met balletjes) en na het eten wurmde ik me met lichte tegenzin in de vuurrode Simca

1000. Vanuit Horst bij Broekhuizen met de veerpont de Maas over, op weg naar de bossen in de Maasduinen voor een lange wandeling. Contrecoeur, wandelen was saai. Niks te zien, niets te beleven. We moesten mee, iedere zondag weer dezelfde routine. Opstaan, kerk, Duitse schlagers, zondagse soep, wandelen. En dan moest *Langs de Lijn* nog beginnen.

Nog geen tien jaar later was dit veranderd en liep ik met plezier samen met mijn ouders door het heuvelland van Zuid-Limburg. Uitvalsbasis was Hotel Berg en Dal in Slenaken. Hiervandaan zet Frits de mooiste wandeltochten uit. Ongemerkt ontstaat een traditie. Alle seizoenen zijn goed, het landschap is altijd betoverend. Hier bloeit een nieuwe liefde op.

Als ik nu aan vrienden vertel over die tegenzin die zich later ontpopte tot een groot genoegen, hoor ik bijna standaard dat het hun net zo is vergaan. Babyboomers, generatie x en millennials hebben in ieder geval één ding gemeen: ze lopen gezamenlijk op de wandelpaden. Nederland is een land van wandelaars. Ik ben verbijsterd als directeur Paul Sanders van de Koninklijke Wandel Bond Nederland me vertelt dat 10,5 miljoen Nederlanders wel eens wandelen voor hun plezier en 3,6 miljoen Nederlanders minstens één keer per week wandelen, gemiddeld tussen de één en twee uur.

Ongemerkt is wandelen volkssport nummer één geworden. Er is geen competitie, er zijn geen prijzen, *Studio Sport* besteedt er geen aandacht aan, maar toch zit wandelen in ons DNA en trekken we er massaal op uit. Ergens tussen de tien en achttien maanden leren we rechtop staan en wandelen we voor het eerst zelfstandig de wereld in. Jong geleerd is oud gedaan. Dat is het, wandelen is de leidraad van het leven!

Ook als ik later voor langere tijd verhuis naar Washington wandel ik samen met mijn vrouw iedere avond in de victoriaanse wijk waar we wonen op East Capitol. Vaak eindigen we op de hoek bij de lokale pub Mr. Henry's op Pennsylvania Avenue voor een pils.

Op vakantie trekken we uren door de Shenandoahbergen van West Virginia, de White Mountains in New Hampshire en de onvoorstelbaar betoverende route naar de Waimokuwaterval op het eiland Maui in Hawaï. Maar uiteindelijk kom ik altijd weer terug in Zuid-Limburg, de oerbron van mijn wandelliefde.

Het is net als met de wandeling van vandaag in Vijlen, liefst ga ik op pad met mijn familie op zoek naar een nieuwe wandelroute. Voor mij draait het om de combinatie van de natuur, de afwezigheid van internet en vooral de aanwezigheid van mensen die me dierbaar zijn. Ongestoord wandelen we kilometers en komen tot de beste gesprekken. Het hoofd vol zuurstof en het lichaam dat voorwaarts beweegt. Soms wordt er niets gezegd en genieten we van het uitzicht. Dagelijkse problemen verdwijnen uit beeld.

Vanuit Vijlen lopen we door Mamelis en kruisen de kraakheldere Selzerbeek. Aan de overkant staat een gietijzeren Jezusbeeld met daarachter twee prachtige kastanjebomen. Mamelis ligt aan de voet van de beboste heuvel waarop de abdij Sint-Benedictusberg ligt. Vanaf hier is de route drassig en lopen we door de modder langs de Duitse grens het steile wandelpad op. Het maakt niet uit, iedereen is goedgemutst. Nog even en we komen aan bij de abdij waar de deur altijd open is voor een bezoek aan deze onwaarschijnlijk mooie kerk.

Vanochtend zijn we vertrokken vanuit het Gerendal waar we logeren. Wie de weg niet kent, rijdt voorbij Valkenburg zomaar aan het bord Gerendal voorbij. Rechtsaf op de drukke rijksweg naar Wittem ligt de Gerendalseweg. Even gaat de weg omhoog en dan opent zich het dal. Dit is, voor zover ik weet, het enige bergachtige landschap in Nederland dat in schoonheid niet onderdoet voor Toscane. Een kleine verborgen diamant met een overweldigend uitzicht. Het Gerendal is een droog dal, een paar kilometer lang, met maar twee boerderijen, Hoeve Gerendal en Pake Hiem. In beide huizen hebben we de afgelopen twaalf jaar met de familie gelogeerd. Meestal in december, dan is er bijna niemand.

Een paar hondenbezitters uit het aanpalende Schin op Geul lopen door het dal, maar op het geblaat van de schapen na is het verder muisstil.

Het Gerendal is een betoverend natuurreservaat, afgesloten van de wereld. In het voorjaar staan de hellingen tussen het Biebos en Sint-Jansbos vol wilde akelei, Duitse gentiaan en bijna dertig soorten wilde orchideeën. De orchideeëntuin van het dal is een toeristische trekpleister. Vanuit het Gerendal kunnen we te voet alle kanten op, richting Gulpen, Oud-Valkenburg of Scheulder. En soms met de auto, zoals vandaag naar Vijlen.

Terwijl we het pad omhoogklimmen vanuit Mamelis, ondersteunen mijn dochter van tien en mijn vader van 86 elkaar. Ik loop achter ze aan en maak een foto. Het is zoals mijn vader zegt: 'Wandelen is een medicijn voor een leuk leven. Het is gezond, gezellig en het verbindt alle generaties.'

We lopen de abdij Sint-Benedictusberg binnen, ontworpen door architect en benedictijner monnik Dom Hans van der Laan. Door de grote ramen boven in de langwerpige, sobere ruimte kust het zonlicht de wierook. Daarna lopen we verder richting het dorpje Nijswiller.

Dylan Rose en Jack

Mijn ouders Bets en Frits zijn inmiddels 85 en 86 jaar oud, fit en helder van geest. De laatste jaren gaat het wandelen bij mijn moeder minder, maar een rollator biedt uitkomst. Een uur wandelen gaat nog, daarna wordt het moeilijk. Mijn vader loopt nog als een kievit moeiteloos uren door het heuvellandschap. Moest ik vroeger verplicht meewandelen met mijn ouders, nu zijn de rollen omgedraaid en sleep ik hen het hele land door, langs mooie routes en plekken waar we nooit eerder zijn geweest. In het afgelopen jaar bezochten we Tiengemeten, de Strijbeekse Heide, de Duivelsberg, de Schoorlse Duinen en het Leudal. Tijdens deze tochten praten we op de wandelpaden met elkaar over hun jeugd, de liefde en natuurlijk over wandelen.

'Toen jij nog op de lagere school zat kregen we jullie alleen mee als we aan het einde van de wandeltocht een

'"Toen jij nog op de lagere school zat kregen we jullie alleen mee als we aan het einde van de wandeltocht een pannenkoek beloofden," vertelt mijn moeder.'

pannenkoek beloofden,' vertelt mijn moeder. 'Veel was er in Limburg niet te doen in het weekend. Wij trokken eropuit, de bossen in, met boterhammen en een thermosfles koffie. We hadden geen cent te makken. Een wandeling en daarna eten aan een houten tafel aan de rand van het bos.'

Mijn ouders knipten de wandelroutes 'Voetsporen' uit de provinciale krant. Al snel reden ze naar Zuid-

Limburg waar het landschap mooier was dan in Noord-Limburg, en de wandelroutes weelderiger.

We passeren Nijswiller en steken de provinciale weg over, bergop weer naar de Biesweg. Hier hoedt Joshua van Wersch zijn varkens, niet opgestapeld in megastallen, maar in hun natuurlijke leefomgeving. Ze liggen ontspannen in een modderpoel in de wei, zoals het hoort. Deze varkens zijn zeer geliefd bij chefs van de betere restaurants in de buurt. Zo kan het dus ook. We lopen verder, in de verte steekt de toren van de Sint-Martinuskerk van Vijlen boven het heuvellandschap uit. Bijna drie uur onderweg en ik kijk met bewondering naar mijn vader die de pas er nog steeds goed in heeft. Met mijn zoon Jack van dertien voert hij onderweg eindeloze gesprekken.

Bijna vijfenzestig jaar geleden ontmoetten mijn ouders elkaar voor het eerst tijdens carnaval. Mijn vader dook op in danszaal Custers in het geboortedorp van mijn moeder, Hout-Blerick. Ze vertelt er nog altijd met smaak over.

'Of het liefde op het eerste gezicht was? Welnee, een verklede man vraagt je ten dans in een boerenkiel en een muts. Hij zag er heel saai uit.'

Maanden later zagen ze elkaar weer, met Pinksteren tijdens de kermis. Dan pas slaat de vlam in de pan. Mijn vader laat nog wel eens de zwart-witfoto zien van mijn moeder waarin ze met haar mooiste jurk bevallig in het gras zit. Een trofee.

'Ik zat in de jaren vijftig op de lerarenopleiding in Roermond en had met ecoline die foto ingekleurd. Het zag eruit als een kleurenfoto. Bets stond er geweldig op. Ik was verliefd en de hele klas leefde mee door die unieke foto.'

Over een paar maanden zijn ze zestig jaar getrouwd en dit jaar is het ook vijfendertig jaar geleden dat we voor het eerst samen gingen wandelen. Onvoorstelbaar eigenlijk. Het is een van de mooiste familietradities.

We zijn inmiddels aangekomen bij de kerk in Vijlen en rijden van daaruit terug naar het Gerendal. In het dal vlak bij ons vakantiehuis staat op een knooppunt van voetpaden een wegkruis. Onder het kruisbeeld staat een Limburgse tekst: 'Gank mer wiejer en maak andere bliejer.' Ook al ben ik van mijn geloof gevallen, tegen deze zegen heb ik geen bezwaar.

'Ga maar verder en maak anderen blijer, daar zit veel in,' zegt mijn moeder. 'We komen hier al zo lang, maar iedere keer als ik in Zuid-Limburg aankom gaat mijn hart toch sneller kloppen.'

wandelen te Vijlen

Startpunt:
herberg A Gen Kirk
Vijlenberg 115
6294 AS Vijlen

Afstand: 9,5 kilometer
Duur: 2,5 uur

- Bij vertrek vanuit herberg A Gen Kirk linksaf. Eerste weg links (Hopschet).
- Weg (Pater Gelissenstraat) oversteken naar het wandelpad.
- Waar het wandelpad verhard wordt en naar rechts afbuigt, over het graspad rechtdoor lopen dwars door het veld. Dit pad volgen door weiland en tussen de meidoornhagen. Aan de linkerkant van het weiland huist een dassenburcht tussen het struikgewas.
- Op T-splitsing met veldweg links, ook op de volgende T-splitsing links en de eerste veldweg rechtsaf. Bij de schuine kruising, met links een wegkruis en bankje, rechtdoor. Deze veldweg volgen tot aan de Rijksweg.
- De Rijksweg oversteken en links naar de rotonde lopen. Eerste weg rechts (Mamelis).
- Door het buurtschap lopen en het bruggetje over de Selzerbeek oversteken.
- Bij de grote kastanjeboom links het verharde weggetje nemen. Na 40 m op een splitsing bij een tuinhuisje links het graspad aanhouden. Dit pad loopt precies over de Duits-Nederlandse grens en stijgt vrij steil.
- Bij het huis aan de rechterkant naar links afslaan, het Kolmonderbos in. Na 75 m het eerste pad links nemen. Dit komt uit op een splitsing,

hier weer naar links. Dan het tweede pad rechts. Op de Y-splitsing weer links, doorlopen tot aan de verharde weg, dan links naar de abdij.

- Bij vertrek vanuit de abdij weer even terug naar het graspad bij de dikke steen en rechtsaf. Op de splitsing links, daarna rechtsaf, licht bergop. Op de T-splitsing links en dit pad blijven volgen door het bos.
- Op het einde van dit pad linksaf, de holle weg bergaf volgen. In de helling rechts zit een dassenburcht, de dierenpaadjes links en rechts zijn van de dassen.
- Aan de drukke voorrangsweg oversteken en rechtdoor het dorp Nijswiller inlopen (Kolmonderstraat). Links ligt kasteel Nijswiller.
- De weg volgen door de dorpskern voorbij de kerk. Op de T-splitsing, bij de dorpspomp, linksaf en doorlopen tot aan de Rijksweg. Deze oversteken en dan rechtdoor (Biesweg).
- Einde weg links en na 50 m op de kruising links. Deze veldweg blijven volgen tot aan een kruising. Hier rechtdoor.
- Op het einde van de weg rechts, het dorp Vijlen inlopen. De voorrangsweg (Vijlenberg) blijven volgen, deze maakt een grote bocht naar links. Bergop blijven lopen tot aan het startpunt herberg A Gen Kirk.

Pleisterplaats:
Herberg A Gen Kirk
Vijlenberg 115
6294 AS Vijlen

Abdij Sint-Benedictusberg
Mamelis 39
6295 NA Lemiers

SPRINGENDAL

Het Springendal

Een meesterlijke middag met Herman Finkers

Het lijkt nog het meest op een scène uit een van zijn theatervoorstellingen. 'U ben toch, eh? Ik ken u toch van...?'

En net voordat de passerende wandelaars op zijn naam komen, riposteert Herman Finkers: 'Ja dat klopt, ik ben Joran van der Sloot, en' – wijzend naar mij – 'dit is Willem Holleeder.' Er klinkt bulderend gelach in de bossen van het Springendal in Twente, op deze zondagmiddag in juli.

Ook al dateert zijn laatste voorstelling, de oudejaarsconference, van 2015, Herman is nog steeds geliefd en populair. Zeker in deze contreien.

Dit is zijn geboortegrond. Almelo ligt vlakbij, net als zijn woonplaats Beuningen.

Aan het Springendal heeft Herman warme herinneringen. Als ik hem uitnodig voor een wandeltocht door zijn 'achtertuin', volgt al snel een enthousiast bericht terug.

> Beste Twan,
> Verheug me op Hezingen!
> Heb gegoogeld op de boerderij waar jullie zitten en die ken ik wel van vroeger. Op een kruispunt van zandwegen in een bos, althans toen.
> Mooi gebied daar.
> Ook een deel van het gebied van de beruchte ruilverkavelingsrellen in 1971.
> Ik hoorde in het Springendal voor het eerst 'Michelle' van de Beatles op de radio. Later heb ik nog een tekst gemaakt in het Twents over een jeugdherinnering op een liedje van de Beatles.
> Hartelijke groet, ook van Hetty.
> Herman Finkers

Een schot in de roos dus. Een wandeling met een van de grootste cabaretiers van Nederland in een fraai natuurgebied, waar zich ook nog eens een belangrijke jeugdherinnering afspeelt.

Bijna vijf jaar geleden spraken we elkaar uitgebreid op de Universiteit van Twente voor een aflevering van *College Tour*. Over zijn ziekte, chronische lymfatische leukemie, en over zijn onverwacht humoristische talent dat hem op het podium bracht. En natuurlijk ook over de lofzang op zijn vrouw Hetty.

Ik heb haar liever dan geluk
Ik heb haar liever dan de ware
Meer dan in mijn eigen lichaam
Wil ik zijn in het hare

Het is voor de studenten en ook voor mij zelf een zeldzaam mooi gesprek. Eerlijk, emotioneel en er valt veel te lachen. De gouden drie-eenheid.

Of hij bang is voor de dood vraagt een student.

'Niet echt,' zegt Herman, 'eerder nieuwsgierig. Maar voorlopig ben ik net een oldtimer. Hij moet vaak naar de garage, maar hij blijft lopen.'

Nu lopen we op een kronkelend bospad op zoek naar de bronnenmeren uit zijn jeugd. Het Springendal ligt in het noordoosten van Overijssel, vlak tegen de grens van Duitsland. Een uniek natuurgebied met kwelvijvers en smalle beekjes, ooit aangelegd door de Enschedese textielbaron Jannink voor de jacht. Het wild kwam hier om de dorst te lessen, en werd daarmee een makkelijke prooi voor de jagers in de hoogzit. Lang vervlogen tijden. Het gebied ging over in handen van Staatsbosbeheer en is nu een geliefd wandelgebied. 'De tuin van Nederland' is de bijnaam van dit stuk Twente bij Ootmarsum.

Met Cheryl, Jack en Dylan Rose logeer ik in de oude vakwerkboerderij Meerbekke uit 1771, de boerderij die Herman nog kent uit zijn jeugd. Voor het eerst in dertig jaar is hij weer terug in het Springendal. Terug naar 1965, het jaar waarin een jongetje geraakt wordt door een nummer van de Beatles, maar meer nog door Cupido's pijl.

'In deze streek speelt een van mijn allereerste jeugdherinneringen zich af. Mijn vader had een prachtig plekje gevonden in het Springendal. Daar kwam nooit iemand. Wij gingen er picknicken terwijl mijn vader in slaap viel,' vertelt Herman.

'Op een zondagmiddag – ik moet een jaar of tien zijn geweest – lag er in de buurt van ons favoriete grasveldje een echtpaar met een dochter, iets ouder dan ik. Zij liep alleen met een broekje aan, geen bovenstukje, en was heel erg mooi. Daar raakte ik van onder de indruk. In zo'n klein weilandje hier met een kabbelend beekje luisterde dat meisje op haar transistorradio naar "Michelle" van de Beatles. Ze maakte wat bij me los. Het was voor het eerst dat ik de Beatles hoorde. Het meisje en de Beatles, samen maakten ze een onuitwisbare indruk. In dertig jaar tijd is hier weinig veranderd.

Ik ken dit gebied trouwens ook van het dauwtrappen. Dat deden we elk jaar met Hemelvaart, vlak bij boerderij de Meerbekke waar jullie nu logeren. Dat begon op de lagere school. Eerst ging ik met mijn vader en mijn oom mee, later met vriendjes. Zij gingen achter de meisjes aan, maar daar heb ik nooit een handleiding voor gekregen. Ik was er niet handig in. Al gingen ze op me zitten, dan had ik het nóg niet door. Ik was vierentwintig toen ik voor het eerst met een meisje naar bed ging.'

Herman Finkers kent de natuur. Al is hij geboren in de stad, hij is toch vooral een plattelandsjongen. Een lange zoektocht naar een fraaie woning in de buurt van het Springendal leverde niks op.

'Ik zag hier ooit een prachtige schuur, moeiteloos om te bouwen tot een mooi woonhuis. Maar ook na herhaaldelijke bezoeken aan de boer wilde hij er toch niet vanaf. Uiteindelijk vonden we een stuk grond in Beuningen. "Als we het niks vinden," zei ik tegen Hetty, "zijn we zo weer terug in Almelo." We zijn uiteindelijk nooit meer teruggegaan.'

'Beroemd zijn ebt toch ook heel snel weer weg.'

Met groot plezier wonen ze tussen de boeren in de natuur. Niet ver van zijn huis heeft hij nog een schrijvershuisje aan de Dinkel.

Herman wijst me onderweg op planten, bloemen en vogels. 'Kijk, dit is johanneskruid, dat werkt goed tegen depressies.'

Ook citeert hij zijn grote vriend, stadsgenoot en dichter Willem Wilmink. Zijn as ligt begraven in Hermans tuin.

'Het Springendal is toch het gebied van mijn jeugd. Ik herinner me het gedicht van Willem Wilmink:

Ik wou dat ik genieten kon
zoals andere mensen doen
van een wandeling in de zomerzon,
van een bank in het plantsoen.
Maar van zo'n bankje krijg ik jicht
en wandelen maakt me stijf
en ik zoek in ieder vergezicht
naar een horecabedrijf.

We wandelden vroeger niet bijzonder veel. Het was toen ook niet vanzelfsprekend. Je ging ergens naartoe. Ik ging wel graag op pad naar een heideveld, maar dat was meer om alleen te zijn dan om te wandelen.'

Het is inmiddels drukker geworden op de route en ook al spreken veel mensen hem aan, roem is vluchtig, vindt Herman.

'Beroemd zijn ebt toch ook heel snel weer weg. Van de jongelui weet de helft niet meer wie ik ben. Terwijl mijn laatste grote optreden pas van 2015 is. Keken toch drie miljoen mensen naar. Ik mis de roem niet, het is wel lekker rustig zo. Ik was eigenlijk altijd al het liefst zo onzichtbaar mogelijk. Tot mijn stomme verbazing en schrik kwam ik opeens op het podium terecht.'

Met de loop der jaren is wandelen voor Herman essentieel geworden.

'Wandelen werkt louterend. Als je er helemaal doorheen zit, om wat voor reden dan ook, dan werkt wandelen altijd goed. Toen ik in 2000 moest stoppen heb ik veel gewandeld. Ik zat zwaar tegen het overwerkt zijn aan. Je moet iedere keer weer een nieuw programma maken dat minstens zo goed is als het vorige. Dat voelde loodzwaar, het werd een keurslijf.

Als je er een tekst in moet stampen werkt het lopen heel goed. Je herhaalt de tekst op het ritme van de pas. Voor mijn oudejaarsoptreden wandelde ik veel langs de Dinkel en mompelde de tekst voor me uit. Werkte het wandelen voor jou ook louterend na je vertrek bij RTL *Late Night*?'

Ik vertel Herman dat ik nog nooit zoveel gewandeld heb als in de afgelopen maanden. Langzaam verdwijnt de onrust en stress, het is alsof ik terugschakel van de vijfde naar de eerste versnelling. En toch kruipt het bloed waar het niet gaan kan. Ik ben alweer bezig met de voorbereidingen van nieuwe programma's en documentaires. Vijfenvijftig jaar lijkt me iets te jong om te stoppen met werken. Voor Herman ligt dat anders. Het brandende verlangen ooit nog eens op tournee te gaan is verdwenen.

'Ik ben nu 65 en voel de drang niet meer om een nieuw theaterprogramma te maken.'

Net als ik heeft Herman een harde breuk in zijn carrière gekend.

'Ja, dat heb ik ook gehad in 2000. Ik had altijd krullen, maar mijn haar ging steeds platter liggen, puur vanwege de stress. Maar ik vond dat ik dóór moest omdat ik mensen om me heen had verzameld, vrienden en familie, die afhankelijk van me waren. Als ik stopte zou dat voor hen ook heel ingrijpend zijn, en dat maakte dat ik maar doorging. Na *Geen spatader veranderd* moest ik weer een nieuw programma maken en daar zag ik als een berg tegen op.

Totdat ik op het idee kwam om dát juist als thema te nemen. Ik zette mezelf neer als een komiek die moe wordt van zijn eigen humor en zich terugtrekt op de Vaalserberg in Limburg, compleet met wandelschoenen. In die rol kon ik tegen het publiek zeggen: "Ik vertel een grap en u moet erom lachen, maar ik hoor hem morgen weer." Ik kon er alles aan ophangen, zelfs flauwe grappen.

'Na die breuk zat ik echt heel, heel diep. En toen ben ik dus gaan wandelen.'

Maar daarna kón ik niet meer en moest ik echt stoppen. Dat was een heftig moment, voor mij maar ook voor mijn medewerkers. Het was de moeilijkste beslissing uit mijn leven. Het werd ook niet begrepen door de mensen om me heen. Echt goed is het nooit meer gekomen, maar het is wel rustig nu.

Kort daarna werd ook leukemie geconstateerd. Maar ik denk dat ik dat daarvoor al had, want ik had het fysiek al langer heel moeilijk. In het programma *Na de pauze* vertel ik dat ik na de voorstelling 's nachts in een hotel incheckte en de volgende ochtend wakker werd in een stoel, met mijn kleren aan en mijn tas nog op schoot. Ik was te moe om me uit te kleden. Het ging helemaal niet goed. Ik heb dat ook wel eens aangekaart bij mijn medewerkers, maar dat werd onmiddellijk weggedrukt. Het was te bedreigend.

Na die breuk zat ik echt heel, heel diep. En toen ben ik dus gaan wandelen. Niet dat ik een heel fanatieke wandelaar ben, op het Pieterpad zal je me echt niet zien. Maar ik wandel iedere dag op ons land, iets meer dan twee hectare groot. Soms ga ik met Hetty, soms alleen. Alleen wandelen is anders dan met zijn tweeën, maar het heeft allebei zijn charme. Ik vind de natuur zo troostend. Ik ben vaak in Amsterdam en loop graag door de stad, maar ik vind het heerlijk om weer terug te zijn in Beuningen.'

Na zijn breuk in 2000 is Herman een andere weg ingeslagen. Het gaf lucht, de druk was eraf en uiteindelijk maakte het hem tot een betere artiest.

'Alles was weer mogelijk, net als in het begin van mijn carrière. De mogelijkheden binnen de theaterprogramma's had ik aan alle kanten verkend. Ik moest echt de laatste druppels eruit persen. Zo kon het niet verder, ik moest op zoek naar een nieuwe vorm.

Dat werd de regiosoap *Van jonge leu en oale groond*, Over jonge mensen en oude grond, daarna volgde het programma *Na de pauze* en de oudejaarsconference in 2015. Dat was voor mij ook iets nieuws. Nu maak ik *De beentjes van Sint Hildegard*, een speelfilm met mezelf en actrice Johanna ter Steege in de hoofdrol. Johan Nijenhuis regisseert. Het gaat over een echtpaar waarvan de kinderen het huis uit zijn. Ze moeten hun leven opnieuw gaan uitvinden, met alle moeilijkheden van dien. Die film vond ik een verademing om te doen.'

We wandelen verder door het bos en de weilanden. Bij een boerderij viert een groep jongeren feest. 'Oerend hard' van Normaal knalt uit de boxen. Er verandert weinig in deze contreien. Hoewel, in Hermans' jeugd was het in 1971 oorlog in Twente. Woedende boeren protesteerden tegen de ruilverkavelingsplannen. Ze dreigden hun landbouwgronden te verliezen door de aanleg van wegen en bossen. Ruiten en straatmeubilair sneuvelden bij rellen waar jongeren massaal op af kwamen. *De Telegraaf* kopte in die tijd: 'Boerenoorlog op komst waarbij doden kunnen vallen'.

'Ik zat in 1971 op de hbs. Op een dag kwamen de leerlingen uit Tubbergen ontzettend opgewonden de klas in. "Ze hebben vanochtend het hele stadhuis in Tubbergen onder de stront gespoten. Vanmiddag gaan ze het weer doen!" De boeren waren fel tegen de plannen van de ruilverkaveling die een groot deel van het landschap hier rigoureus hebben veranderd.'

Herman is nog altijd messcherp en weer in goede conditie, al blijft hij kwetsbaar. Dat was een jaar geleden wel anders. Hij viel vijftien kilo af door een infectie.

'Vorig jaar was ik erg ziek, ik had een lekkende schildklier. Toen daarna mijn leverwaarden te hoog bleven heb ik drie maanden geen druppel alcohol gedronken, helemaal niks. Alleen toen Thierry Baudet na de gemeenteraadsverkiezingen zijn overwinningstoespraak hield, heb ik van schrik een Duvel genomen. "Universiteiten, journalisten en kunstenaars ondermijnen onze beschaving," zei Baudet.

Ik wist niet wat ik hoorde, sloeg steil achterover.'

Na twee uur lopen zijn we plotseling verdwaald. Bij een echtpaar uit Vasse informeer ik naar de dichtstbijzijnde horecagelegenheid. Naast me hoor ik Herman: 'En dat moet een boek gaan schrijven over wandelen?'

wandelroute Springendal

Startpunt:
parkeerplaats
Hooidijk/Brandtorenweg
in Hezingen

Afstand: 11 kilometer
Duur: 2 uur

- Ga linksaf de Brandtorenweg op en pak bij de akker de groene route op, volg de groene route tot aan routepaal E68.
- Hier volg je de paarse route. Bij routepaal E69 volg je de rode route.
- In het zicht van de brug rechtsaf de weg op en blijf de rode route volgen.
- Blijf rode route volgen, bij hek links het bos in.
- Negeer rode pijl naar links 30 m voor de harde weg (Uelserdijk), en volg het pad rechtdoor, steek de weg over, passeer landhek en volg het pad en pak de rode route weer op.
- Bij de harde weg aangekomen (Uelserdijk) rechtsaf en nog een keer rechtsaf weg Springendal inslaan.
- Linksaf bij Wasserij Springendal, volg de grindweg over het terrein van de wasserij en vervolgens weer linksaf.
- Bij Uelserdijk rechtsaf en dan direct linksaf de Mosbeekweg op.
- Neem het eerste bospad linksaf. Bij de boerderij Meerbekke, pad volgen (gele pijl). Links langs de driesprong lopen en de weg oversteken naar de grote bronvijver.
- Bij de grote bronvijver aangekomen linksaf en volg het wandelpad.
- Op T-splitsing rechtsaf pad volgen tot aan beukenlaan (de Mosbeek-weg).

- Ga rechtsaf de zandweg op en direct linksaf het nieuwe wandelpad door de akker volgen.
- Vervolgens rechtsaf en steek de Sprengendalseweg recht over.
- Hou links aan bij de woning (de Wildpieker).
- Na ongeveer 300 m linksaf (bij rode/gele pijl) en steek de verharde weg over (De Hooidijk).
- Rechtdoor richting de camping Hoeve Springendal.
- Volg het pad langs de buitenzijde van de camping, steek het erf schuin over langs de pleisterplaats Hoeve Springendal en volg, met aan de rechterhand de camping, het pad.
- Steek de weg over en loop de gele/groene route. Na een paar meter rechtsaf de groene/rode route volgen. Op de verharde weg uitkomend linksaf deze zelfde route volgen. Bij het gebouw Staatsbosbeheer linksaf de oranje/groene route volgen en doorlopen tot aan de parkeerplaats bij de brandtoren.

Pleisterplaats:
Camping Hoeve Springendal
Brunninkhuisweg 3
7662 PH Hezingen

Restaurant Watermolen De Bels
Bergweg 9
7663 TB Mander

Kaapse Bossen

De Kaapse Bossen

De achtertuin van prinses Irene

Aan haar keukentafel in Doorn vraagt prinses Irene naar mijn turbulente jaar, de negatieve aandacht in de pers en het uiteindelijke moment waarop de stekker uit de talkshow werd getrokken. We kennen elkaar al langer. Tien jaar geleden interviewde ik haar in *College Tour*. Sinds die tijd spreken we elkaar zo nu en dan. En altijd weer valt me op hoe open en eerlijk ze vertelt over haar leven, wat niet vanzelfsprekend is voor iemand met haar afkomst.

'Waarom ben je weggegaan bij de programma's die je presenteerde en overgestapt naar de commerciële omroep?' wil ze weten. Ik vertel haar over de enorme aantrekkingskracht van het nieuwe avontuur. De hoop dat we er iets moois van konden maken en hoe het schip uiteindelijk strandde. *The only way out, is through* was mijn motto in de modderige maanden voordat het programma ten slotte ten onder ging.

In die uitspraak herkent ze zich. Na de publicatie van haar boek *Dialoog met de natuur* werd ze in de media bespot en bekritiseerd. Gebrandmerkt tot 'bomenknuffelaar'. Maar zoals zo veel gasten die ik gesproken heb in *College Tour*, liet ook zij zich niet van de wijs brengen. Het lijkt wel een natuurwet dat hoge pieken en diepe dalen hand in hand gaan bij een lange loopbaan. Haar boodschap is onveranderd gebleven. Het Antropoceen, het tijdperk waarin de aarde hinder is gaan ondervinden van de menselijke activiteiten, loopt op zijn eind. 'Wij zijn maar een nietig onderdeel van de natuur, ook al denken we dat we heer en meester zijn over ons eigen leven en de aarde.'

Ze weet waar ze het over heeft. Twee jaar geleden werd ze overvallen door een enorme brand in Bergplaas, haar 5000 hectare grote natuurgebied in de Karoo-semiwoestijn in Zuid-Afrika. Ternauwernood konden de huizen met hulp van alle toegesnelde buren in de wijde omtrek gespaard blijven. 'Het was spannend, op een gegeven moment was het echt extreem, erop of eronder. Mijn jongste dochter belde na die brand en zei nuchter: "Ik denk dat het tijd wordt dat je terugkomt naar huis." Dat was grappig en waarschijnlijk waar. Hier in Doorn is het natuurlijk heel veilig, lieflijk en braaf. Weg uit de wilde woestenij van Bergplaas. Volgens haar was nu het moment in mijn leven aangebroken om het rustiger aan te gaan doen. Ik ben nu 79 en voel dat de cirkel kleiner wordt. Je vertelde me dat jouw ouders dat ook hebben. Dit is nu waar ik voel dat ik moet zijn, het is goed zo, in deze kleinere cirkel. De grote wereld wordt toch groter dan ik gewend was. Afstand is nu ook een obstakel.'

Haar huis met rieten dak ligt in het hart van het Nationaal Park Utrechtse Heuvelrug. De achtertuin grenst aan de Kaapse Bossen in Doorn. Een zacht glooiend gazon met een grote vijver gaat harmonieus over in de bosrand. Hier fluiten merels en mezen. Een schapenboer laat in haar tuin zijn dieren grazen. 'Vanuit mijn tuin kan ik zo het bos in wandelen, ideaal. Ik wandel bijna dagelijks, soms een halfuur, soms twee uur,' zegt prinses Irene. Zo mag ik haar overigens op haar verzoek niet meer adresseren, als prinses. Die titel is te formeel, te afstandelijk, een barrière waar ze haar hele leven al last van heeft. Bovendien maakt ze officieel geen deel meer uit van het Koninklijk Huis. Dus Irene volstaat.

'Vanuit mijn tuin kan ik zo het bos in wandelen, ideaal. Ik wandel bijna dagelijks, soms een halfuur, soms twee uur.'

Wil ze zelf een wandeling uitzoeken of zal ik een route uitzetten, vraag ik haar aan de telefoon. 'Kom maar langs, dan zien we wel waar we uitkomen.'

Vanaf haar huis rijden we door Doorn en parkeren we aan de Leersumsestraatweg bij het wandelgebied

Doornse Gat. Uit de vier aangegeven afstanden kiezen we de bruine route, Doornse Gat, van ongeveer tweeënhalf uur.

Wandelen met Irene is een bijna hallucinante ervaring. Ze raakt bomen aan, drukt bladeren met regendruppels tegen haar gezicht en wijst me op de mooie structuur van de boomschors van een beuk.

'Ik raak de natuur graag aan, voel en ruik aan bladeren, gebruik mijn zintuigen. Onze zintuigen zijn heel erg dichtgeslibd door deze harde en moeilijke maatschappij waarin we leven. Kwetsbaarheid probeer je af te schermen.

Als je in een mensenmassa terechtkomt, kun je openstaan voor alles en iedereen, maar de vraag is of dat wel goed is voor je. De natuur staat open zonder oordeel. Als ik hoofdpijn heb maak ik een wandeling. Dat helpt meteen. Voor mij is de natuur een compagnon.'

Ze houdt ook niet van uitgestippelde wandelroutes en besluit al na honderd meter van het aangegeven pad af te gaan. Irene wandelt zoals ze leeft, intuïtief op zoek naar de spannendste route, ongehinderd door gebaande paden. Af en toe raken we de weg kwijt.

'Ik hou niet van rechte wegen en vaste routes. Ik probeer toch altijd de kleine weggetjes te zoeken, liefst kijk ik niet eindeloos in dezelfde richting. Ik verdwaal regelmatig. Theehuis Helenaheuvel hier in de Kaapse Bossen staat gemarkeerd in mijn telefoon, dus ik vind altijd de weg terug.'

'Voor mij is de natuur een compagnon.'

Ze moet niets hebben van wandelen met een telefoon en wandelapps. Te veel afleiding. Dat komt me bekend voor. Mijn telefoon moet op stil, ik gebruik alleen mijn favoriet app Plantnet, die moeiteloos alle planten en bomen herkent die ik niet kan thuisbrengen. Irene wandelt liefst in stilte.

'Ik wandel graag alleen omdat ik dan meer in contact ben met alles om me heen en met mezelf. Of ik wandel met iemand die ook stil kan zijn. Dat is fijn in de bergen waar het wandelen zwaarder is.

Ik kom niet zozeer uit een wandelfamilie, maar we waren wel natuurliefhebbers. Mijn moeder wandelde in het park rond Paleis Soestdijk, maar niet daarbuiten. Dat had ook te maken met het feit dat je dan herkend werd, dus dat deden we niet. De hekken van het paleis waren in mijn jeugd een serieuze barrière.

Mijn vader ging natuurlijk veel op safari in Afrika, maar hij nam ons niet mee. De wildernis was zijn grote liefde. Hij liet ons wel al die films zien, prachtig natuurlijk, maar wij vonden ze op den duur stomvervelend. Het waren altijd weer dezelfde dieren, het deed me niet veel. Interessant hoe onbekend onbemind maakt. De natuurfilms van nu zijn zo mooi en brengen de dieren en het landschap zo dichtbij dat je daar wel in op kunt gaan. Gelukkig maar.'

Van haar prinsessenstatus merkte ze in haar jonge jaren aanvankelijk weinig. Ze was zes maanden oud toen de Tweede Wereldoorlog uitbrak en het gezin uitwijkt naar Londen. Irene reist met haar zus Beatrix en haar moeder Juliana door naar Canada.

'Mijn moeder genoot volop van de natuur, ze vond het heerlijk om op blote voeten rond te lopen in het gras bij het zwembad.'

Als ze terugkomt naar Nederland wordt ze zes en krijgt dan pas in de gaten dat ze een bijzondere status heeft.

'Als ik de natuur in ging was dat ook altijd in het park rond Soestdijk. Mijn moeder genoot volop van de natuur, ze vond het heerlijk om op blote voeten rond te lopen in het gras bij het zwembad. Aan het eind van haar leven nam ze veel foto's van boomtoppen. Laatst kwam ik een foto tegen waarop ze had geschreven: "Kijk naar boven." Ik weet niet waarom ze dat schreef, misschien had het te maken met haar naderende dood.

Het roekeloze heb ik van mijn vader, van mijn moeder de diepgang en de liefde voor de natuur. Ik denk dat de natuur voor haar ook een grote steun is geweest. Om mijn huis hier in Doorn zijn dezelfde boomsoorten en geuren als in de tuin van Paleis Soestdijk.

Een tijd geleden ben ik nog een keertje gaan wandelen in het park van het paleis, maar ik dacht al snel: nee, dit is niet meer zoals het ooit was. Het is er veranderd. Er wandelen veel mensen en de plekken waar ik heel graag kwam, "mijn plekken", waren afgesloten. Er was een kronkellaantje dat mijn moeder naar mij had vernoemd, de Irenelaan, en een plek bij het water waar ik uren kon zitten. Daar zat ik vaak te mijmeren. Mijn escape was naar buiten. Ik had kennelijk behoefte in de natuur te verdwijnen. Mensen wisten vaak niet waar ik was.

Nu je me er zo naar vraagt realiseer ik me toch dat de natuur van jongs af aan een rode draad in mijn leven is geweest. Als ik nu terugkijk voelde ik vroeger ook al grote verwantschap met de natuur, een fijne plek waar ik kon zijn. Ik werd extatisch gelukkig als het licht van de zon in een sloot scheen. Het moet een helende werking op me hebben gehad. Ik zie me daar nog zitten. Nog steeds ben ik honderd procent gelukkig in de natuur.'

We dwalen kriskras door de Kaapse Bossen als een vriend een artikel doorstuurt uit NRC *Handelblad* – toch weer die verdomde telefoon:

> GELUKKIGE MENSEN ZIJN VAKER IN DE NATUUR
> Minstens twee uur per week in de natuur zijn hangt samen met een betere gezondheid en beter welbevinden, schrijven Britse onderzoekers in het tijdschrift *Scientific Reports*.

Irene is niet verbaasd. Het is tenslotte haar levensmissie om mens en natuur weer bij elkaar te krijgen, en zeker ook om jongeren kennis te laten maken met de natuur. Een van haar initiatieven is Stichting NatuurWijs die scholieren mee de natuur in neemt, ook al is het maar drie keer per jaar. De meeste kinderen wandelen nog niet eens één keer per jaar in een bos. Ook voor Irene was wandelen een late ontdekking.

'Ik heb het pas echt ontdekt toen ik nog getrouwd was. Maar ook toen wandelde ik niet veel. We waren zo intensief met de politiek in Spanje bezig en met het weg krijgen van dictator Franco, dat ging vóór alles. Er was alleen droogte op de hoogvlakte rond Madrid. Ik keek veel naar het schilderij in mijn slaapkamer, geschilderd door mijn grootmoeder Wilhelmina, van een kastanje in bloei, om groen in mijn blik te vangen.'

Irene trouwt in 1964 met de Spaanse troonpretendent Carlos Hugo van Bourbon-Parma. Hij maakte aan de Nederlandse regering duidelijk dat hij geen afstand wilde doen van zijn claim op de Spaanse troon. Gevolg was dat Irene haar rechten op de Nederlandse troon verloor.

'Politiek was toch het allerbelangrijkst. Dat heeft ten slotte ons huwelijk ook doen opdrogen. We woonden in Spanje, het was er gevaarlijk en boeiend tegelijkertijd. We wilden een meer democratisch bestel voorbereiden vanuit de carlistische beweging. Dat lukte niet door enorme tegenwerking. Maar goed, het gaat nu prima met Spanje.'

Na haar scheiding verdiepte ze zich in de natuur en reisde naar Hawaï.

'Wandelen en de natuur als medicijn heb ik pas veel later ontdekt. Vooral mijn tijd op Hawaï heeft me heel veel goed gedaan. Daar logeerde ik een maand in een huis vlak aan de baai. Ik zwom er met dolfijnen. Voor zonsopgang het water in, de zon zien opkomen, en dan die stralen in zee waar de dolfijnen in zwommen – fantastisch. Mede door het contact met de dolfijnen heb ik toen mijn boek geschreven. Ik kwam uit een heel zware tijd en vroeg me in die periode af hoe je moet leven als mens op de aarde, zonder alles kapot te maken.'

Op het grootste eiland van Hawaï, the Big Island, woonde ook haar goede vriend Erik Hazelhoff Roelfzema. Hij was Nederland ontvlucht voor de roem die zijn heldenstatus als Soldaat van Oranje met zich mee had gebracht. Erik en Irene hadden een sterke band, herkenden elkaars onafhankelijkheid en ze hielden allebei van schrijven. In het voorwoord van haar boek *Dialoog met de natuur* uit 1995 schrijft Hazelhoff Roelfzema: 'Ze weet wat ze wil en is bang voor niemand, op het roekeloze af.'

'Ik ging in die periode af en toe op bezoek bij Erik. Hij had mijn boek gelezen en vond het inderdaad roekeloos. Over dat woord hebben we lang gediscussieerd. Hij zag me als iemand die van een berg afspringt zonder te weten waar ik terechtkwam.

Daar had hij wel gelijk in. Als ik iets belangrijk vind, dan zet ik de stap en maak de sprong. Niet op safe spelen. In die zin ben ik roekeloos. Maar het heeft een bijklank die ik niet fijn vind, alsof je onbezonnen dingen doet. Ik móest het verhaal dat ik daarin vertel wel opschrijven. Als je zoiets bijzonders meemaakt, moet je het delen. Zo voelde ik dat.

De pers reageerde vernietigend op mijn boek. Heel moeilijk was dat. Het werkt stigmatiserend, je komt er nooit meer vanaf.

Het stigma is er nog steeds, maar het is niet gek meer. Toen was ik voor sommige mensen een vreemde snuiter. Ik ben nog steeds wie ik toen was, maar mensen vinden het nu vanzelfsprekender dat we deel zijn van een geheel, dus nu mag ook ik normaal zijn. We zouden de bomen juist veel meer moeten knuffelen, we zouden ze dankbaar moeten zijn, want dankzij de bomen is er bijvoorbeeld zuurstof! Ik praat nog steeds met bomen, met rozen, met de zon, met mensen en met de dieren. Maar nu is het oké.'

Ondertussen zijn we verdwaald in de Kaapse Bossen en zoek ik noodgedwongen op mijn telefoon de plek waar mijn auto geparkeerd staat. We passeren wandelaars en fietsers. Soms wordt Irene herkend, daarom wandelt ze het liefst in Zwitserland.

'Dat geeft extra vrijheid. Je merkt in Nederland dat het wandelen enorm aan populariteit wint. Op een dag als vandaag lijkt het wel alsof iedereen aan het wandelen is of op de fiets zit. Dat valt me enorm op. Maar vaak kom je ook bijna niemand tegen, de bossen zijn zo uitgestrekt.

Soms word ik aangesproken. Na mijn scheiding bijvoorbeeld waren er vrouwen die me bedankten: "Nu u bent gescheiden durf ik het ook." En ten tijde van de publicatie van *Dialoog met de natuur* kreeg ik naast een tsunami van kritiek ook heel veel mooie brieven van lezers. Ik kom nu tijdens de NatuurCollege-activiteiten veel jonge mensen tegen die mijn boek verdedigen tegenover hun ouders. Dat vind ik dan weer heel erg leuk. Maar goed, de kritiek op het boek kwam toch scherper binnen.

Mensen worden nu ook met de neus op de feiten gedrukt door de gevolgen van de klimaatverandering. We zien dat er veel planten en dieren uitsterven en daarover wordt steeds meer gepubliceerd. Hierdoor weten we er meer van. Ook al gaat het langzaam, er is een kentering. Kijk naar de reactie van jonge mensen wereldwijd die zeggen: het kan niet verder zo, onze toekomst staat op het spel, dit moet anders.

Mensen worden zich steeds meer bewust van het feit dat alles met elkaar samenhangt. Nu wordt het tijd dat we leren samenwerken met de natuur, in plaats van haar uit te buiten, alsof ze er is voor ons. Terwijl al het leven er is om het leven van de ander mogelijk te maken. Laten we leren ons daar weer in te voegen, op weten-

'We zouden de bomen juist veel meer moeten knuffelen, we zouden ze dankbaar moeten zijn, want dankzij de bomen is er bijvoorbeeld zuurstof!'

schappelijk terrein en door persoonlijke ervaring.'

Na twee uur en tien kilometer zijn we terug bij het beginpunt van de tocht. Uit alles blijkt dat ze zich enorm thuis voelt in het Utrechtse heuvellandschap. Bij haar huis wandelen we de tuin weer in.

'Natuurlijk ben ik na de publicatie van mijn eerste boek voorzichtig geworden. Toch zeg ik wat ik wil zeggen omdat ik het echt belangrijk vind. Ik heb weinig te verliezen. Andere mensen hebben een positie of een baan te verdedigen en zijn dan eerder geneigd voorzichtiger te zijn.

De reactie op dat boek is toch een kras op mijn ziel, maar het is oké, het is goed gekomen. Mijn laatste boek, over mijn vijftien jaren werk en geluk in Bergplaas in Zuid-Afrika, is heel positief ontvangen.'

De tijden zijn veranderd, meent Irene.

'Als ik terugkijk op mijn leven zijn er veel momenten waarin ik in de publiciteit ben gekomen. De keuze voor mijn man Carlos Hugo leidde tot enorm veel pers. Mijn keuze katholiek te worden. Ons huwelijk, daarna de scheiding. Mijn toespraak op het Malieveld in 1983 tijdens de demonstratie tegen de kruisraketten. Het is toch een rode draad door mijn leven: als het werkelijk belangrijk is, dan zeg ik wat ik denk en doe ik wat ik wil, ondanks mijn afkomst, of juist daarom.

Vaak heb ik het gevoel dat ik vijf levens in één leven heb gepropt. Ik zag laatst een boom, een grote beuk met heel veel littekens en bovenin een grote kruin. Hij nam enorm veel ruimte in beslag en ik dacht: misschien kan ik eens stoppen en genieten, me realiseren dat ik een heel mooi leven heb gehad. Ik sta stevig en heb veel meegemaakt. Mijn leven is behoorlijk lastig geweest, maar ik was ook lastig. Nu gaat het goed met de kinderen en heb ik fantastische mensen om me heen. Ik heb het mezelf moeilijk gemaakt door tegen de stroom in te zwemmen. Nu hoeft dat niet meer. Ik heb de stroom mee gekregen.'

'Mijn leven is behoorlijk lastig geweest, maar ik was ook lastig.'

Drie maanden later staat ze stralend op het podium van Carré. Hier viert ze haar tachtigste verjaardag met vrienden en familie. In de koninklijke loge zie ik haar neef Willem-Alexander en zus Beatrix. Op het podium zingt Herman van Veen. 'Een ode aan de natuur' is het motto van de avond. De zaal is tot de nok toe uitverkocht, haar boodschap eindelijk erkend.

Wandelroute de Kaapse Bossen

Startpunt:
route
Groene Entree
Kaapse Bossen

- Ga vanaf de Leersumsestraatweg in Doorn linksaf naar de Maarsbergseweg. Hier parkeren.
- De route met prinses Irene loopt kriskras door de Kaapse Bossen en staat dus niet aangegeven.
- Voor wie de gebaande paden wil volgen zijn er verschillende wandelroutes op de parkeerplaats aangegeven.

Pleisterplaats:
Chalet Helenaheuvel
Sint Helenalaan 2
3941 EH Doorn

Terschelling

Het geheim van Terschelling

én met Jan Wolkers naar Rottumerplaat

Als Nederland een viergangenmenu was, dan waren de Waddeneilanden het dessert. Luchtig, schuimig en zoet lonkt dit nagerecht. De opwinding in de havens van Den Helder of Harlingen. De bootreis naar de eilanden door de vaargeul van de Waddenzee en de zwaaiende badgasten bij aankomst.

Niets is romantischer dan een reis naar een eiland. Boudewijn Büch kon weergaloos vertellen over zijn avonturen op afgelegen plekken als Tonga en de Fiji-eilanden. Jaloers keek ik naar zijn reisprogramma op televisie. Dát wilde ik ook. Voorzichtig begon ik met Corsica en Elba. Later volgden de Caribische eilanden Jost van Dyke en Bequia. Het Amerikaanse Block Island was voor mij een must, vernoemd naar de Nederlandse kapitein Adriaen Block die met zijn schip de Halve Maan strandde op Manhattan. Hoe langer de reis, hoe exotischer het eiland. Maar dichter bij huis vond ik toch de mooiste bestemming.

Op Ameland na, bezocht ik alle Waddeneilanden. Trouw ben ik niet in mijn waddenliefde. Mijn favoriete eiland is nu met stip Terschelling, een eiland dat bijna alles heeft, met een enorme variatie aan landschappen. Heidevelden, bossen, duinen, meertjes, weilanden en eindeloos brede stranden. Kilometers wandelpad en de iconische Brandaris. Bovendien stuitte ik daar op 'Het geheim van Terschelling', een woeste, oogverblindend mooie wandeltocht die alleen bekend lijkt bij de eilandbewoners. Maar daarover zo meteen meer.

Terschelling was niet mijn eerste liefde onder de Waddeneilanden. Eerst viel ik als een blok voor Schiermonnikoog en Hotel Van der Werf, later volgde het intieme Vlieland, maar de reis van mijn leven ging naar het meest oostelijke en onbewoonde eiland van Nederland: Rottumerplaat, vlak bij het Duitse eiland Borkum. Rottumerplaat is exclusief van de natuur en wordt in het broedseizoen bewaakt door vogelwachters van Staatsbosbeheer. Toegang is strikt verboden voor het publiek. Dáár moest ik dus naartoe.

Een legendarische reeks VARA-radio-uitzendingen wakkerde mijn verlangen naar Rottumerplaat alleen nog maar meer aan. Schrijvers Godfried Bomans en Jan Wolkers bivakkeerden in 1971 een week alleen op het eiland. Hoe was het om als Robinson Crusoe te leven, vroegen de radiomakers zich af. Een schitterend idee. Twee eloquente heren deden iedere dag verslag van hun eenzame belevenissen op het eiland. Een tent, vers water, voedselpakketten en een mobilofoon voor het contact met de radioverslaggevers aan de vaste wal, meer kregen de schrijvers niet mee. Godfried Bomans beet het spits af op Rottumerplaat en hield een dagboek bij.

'Ik voel me vredig en gelukkig. Dit is de eerste keer, dat op dit eiland een mens zijn gedachten op papier zet. Het moet dan ook meteen maar zo goed mogelijk gebeuren. Over vijf jaar staat het hier vol met landhuisjes en kan het niet meer, tenminste niet wat ik hier beleef.'

Maar al snel gaat alles mis en belandt Bomans in een diepe depressie. Hij voelt zich alleen, is bang en doet 's nachts geen oog dicht 'vanwege het gekrijs van de meeuwen'. Ziek van eenzaamheid moet hij zich vermannen om het eiland niet vroegtijdig te verlaten. Zeven dagen lang verblijft Bomans in een zelfverkozen hel. 'Vanochtend klam en lusteloos. Niet de geringste eetlust. De stoelgang heeft me veel pijn gedaan. Ik voelde me opeens diep neerslachtig.'

'Niets is romantischer dan een reis naar een eiland.'

De gevierde schrijver en geprezen televisiepresentator, gewend aan eeuwig applaus, wordt voor het eerst in zijn leven teruggeworpen op zichzelf.

'Ik zie nu beter dan vroeger in, dat die diepe twijfel aan eigen waarde in mijn jeugd wortel heeft geschoten, maar dat betekent niet, dat ik met alle macht aan die plant ga rukken, want die krijg ik er toch niet uit, maar wel dat hij te *leiden* is, zodat ik er wat aan heb, bijvoorbeeld tot zelfkritiek, dan doe ik er wat mee.'

Vertwijfeld verlaat Godfried Bomans het eiland en overlijdt nog datzelfde jaar. Zijn dood lijkt onlosmakelijk verbonden met zijn verblijf op Rottumerplaat.

Het contrast met Jan Wolkers kan niet groter. Wolkers krijgt juist enorme energie van het eiland, stort zich op de natuur, spalkt de gebroken poot van een jonge scholekster en redt een zeehond. Voor hem zijn de dagen op Rottumerplaat één groot feest. Hij gedijt in de natuur en knapt juist op van het solitaire bestaan.

'Pissen is hier een zaligheid. Als je op het vasteland tijdens een wandeling aandrang op je water krijgt en je gaat tegen een boom staan, kijk je eerst een paar keer schuw om je heen of er geen onbezoldigd rijksveldwachter in de buurt is die je van exhibitionisme verdenkt en je een proces-verbaal geeft vanwege het ongeoorloofd rondzwabberen met je "ontblote mannelijkheid", zoals dat in ambtelijke termen heet. Dan haal je voorzichtig die gevulde vleesrol tevoorschijn en richt hem op het te besproeien voorwerp. Een bepaalde knoest in een stam voor je, een elfenbankje of een ander richtsnoer. Maar hier laat je het gewoon maar stromen terwijl je luidkeels de zon en zee lovend door blijft lopen.'

Rottumerplaat, 23 juli 1991

Twintig jaar later bel ik Jan Wolkers. Ik werk op dat moment als jong radioverslaggever bij de VARA en wil graag een reprise van de historische uitzending van toen. Wolkers klinkt alsof hij al decennialang wacht op dit telefoontje. Liefst wil hij vandaag nog op pad.

'Niets liever dan dat! Terug naar het eiland, Rottumerplaat was geweldig! Dan neem ik deze keer Karina en de tweeling Bob en Tom mee. En een goed gevulde koelbox met whisky en cider. Dat spreekt voor zich.'

Samen met de familie Wolkers reis ik op een zonnige zomerdag vanuit Lauwersoog met de boot naar Rottumerplaat. Jan Wolkers heeft zijn paraplu met een print van de Amerikaanse vlag meegenomen, dezelfde die hij ook in 1971 op het eiland bij zich had. Een foto van een trotse Wolkers op het wad met de *Stars and Stripes*-paraplu en Rottumerplaat in de verte haalt de voorpagina van NRC *Handelsblad*. Wat volgt is een onvergetelijke expeditie waarin Wolkers aan zijn jongens vertelt over de lotgevallen van Medusa, met zijn Leica-camera foto's neemt

'Pissen is hier een zaligheid.'

van het fraaie duizendguldenkruid en van een naakte Karina die de Noordzee induikt. We treffen twee vogelwachters op het eiland. Met zijn arendsoog herkent Wolkers dat er iets broeit tussen die twee. 'Jullie zijn stapelverliefd op elkaar, dat zie ik zo.' Rood aangelopen bevestigen de biologen zijn observatie. 'Als er straks kinderen komen moeten jullie de eerste Jantje noemen,' zegt Wolkers. Dat beloven de boswachters. Jaren later vraag ik me nog steeds af of ze hun belofte aan Wolkers zijn nagekomen.

Tijdens een lange wandeling over het eiland vertelt Wolkers over het roemruchte radioprogramma en zijn collega-schrijver, die 'met zijn grote schoenen, maat 48, alle meeuwennesten en eieren kapot had getrapt. Toen ik na hem op Rottumerplaat kwam, lag er overal struif en eierschalen.'

Wolkers en Bomans, twee werelden apart. Vrienden waren ze zeker niet. Wolkers een fier kunstenaar, voor niets en niemand bang, en Bomans een *crowdpleaser*, in de kern een angstig man.

'Godfried Bomans bekritiseerde mijn radioverslagen. Hij vond mij vulgair omdat ik de bek van een kokmeeuw vergeleek met de kut van een jong meisje. Toen er op een dag een zeilboot op het eiland wilde afmeren met aan boord drie goddelijke blonde nimfen, heb ik ze tegen mijn natuur in weggestuurd. Ook al wilde ik het liefst met alle drie tegelijk neuken, het doel was een week alleen op een eiland door te brengen. Zo moest het zijn.' De tocht met Jan Wolkers, de grootmeester van de vertelkunst, in de zomer van 1992 naar Rottumerplaat. Zelden heb ik zo'n mooie dag beleefd.

Het kan trouwens weer, op expeditie naar Rottumerplaat. Staatsbosbeheer organiseert na het broedseizoen ieder jaar twintig tochten naar het Groningse onbewoonde eiland. Ooit wil ik ook weer terug, maar eerst naar Terschelling. Ook vanwege een oude wandelgids uit 1966 van R. Struyk, getiteld *Terschelling, zwerven over het eiland*. Ik vind het boekje in een antiquariaat in Harlingen. Struyk schrijft in zijn gids over een gevaarlijke tocht rond de Noordsvaarder, aan de westkant van het eiland.

'De nu volgende wandeling is alleen voor echte liefhebbers, want het is niet alleen een lange, vrij vermoeiende tippel, maar men moet ook niet bang zijn uitgevallen. U kunt hier en daar te maken krijgen met drijfzand (de Terschellinger spreekt heel typerend van duikelzand) en wanneer u last heeft van eenzaamheid, dan is het zaak niet ver weg te gaan.'

Waar auteur R. Struyk is gebleven, heb ik niet kunnen achterhalen, maar zijn evenknie heet Freek Zwart. Freek komt uit Ruinerwold in Drenthe en is tweeënveertig jaar geleden aangespoeld op het eiland. Hij is besmet geraakt met het Terschellingvirus en er nooit meer vertrokken. Meer dan veertig jaar werkt Freek hier als boswachter, kent alle uithoeken van het eiland en is de schrijver van het boek *Wandelen op Terschelling*.

Die tocht van Struyk, is die inderdaad gevaarlijk en de moeite van het wandelen waard? Het blijkt dé favoriete tocht van Freek Zwart – en van nog veel meer eilandbewoners. Op het eiland staat de route bekend als 'Het pad naar Paal 3'. Maar toeristen zie je er bijna niet, vertelt Freek Zwart, en als je op het pad blijft valt het gevaar reuze mee. In de winter is het een natte route, dan ontstaan er ook allerlei zijpaadjes. Laarzen zijn aanbevolen.

Freek haalt Cheryl, de kinderen en mij op bij de Koekoekspaal, ooit het clubhuis van de scouting, in de Tweede Wereldoorlog het onderkomen van de Duitsers en nu een vakantiehuis.

We beginnen de tocht bij café De Walvis bij het Groene Strand. Nu staat het er vol met zeekraal, een van de weinige planten die bestand zijn tegen het zoute water. 'Wandelen naar de Noordsvaarder,' zegt Freek, 'vertelt je alles over de geschiedenis en de ontwikkeling van Terschelling. Waar we nu staan was rond 1850 de vloedlijn, inmiddels is het eiland aan de westkant enorm gegroeid.

Op deze route zie je ongelooflijk veel bloemen en zeldzame struiken zoals de kraaihei, die zo heet omdat kraaien de zwarte besjes graag eten. Kraaihei komt bijna alleen maar voor op de Waddeneilanden. De besjes kun je prima eten, maar niet te veel want dan krijg je last van je darmen.

En Terschelling is natuurlijk beroemd vanwege de cranberry. Die is ooit een keer letterlijk aangespoeld in een houten ton, waarschijnlijk van een

Amerikaans schip gevallen. Nu groeit cranberry overal op het eiland.

En hier zie je de welriekende nachtorchis.'

Ik lig al op mijn knieën om aan de bloem te ruiken.

Freek: 'Ja, die kan je dus alleen 's nachts ruiken, Twan.'

'Op de hoge duinen bij Paal 3 kun je nog goed zien hoe het landschap en het eiland zijn ontstaan en bewegen. Je hebt er een prachtig uitzicht over Terschelling en richting het westen zie je Vlieland.

Vroeger haalden de boeren na de oogst de hekken weg in de polder en lieten hun vee dan overal grazen. De boeren waren straatarm, de koeien moesten hun eigen kostje bij elkaar scharrelen. Daar komt de naam Oerol ook vandaan, dat staat voor "overal". Dat grazen was een gebruik op de Waddeneilanden. Maar daardoor werd wel alle begroeiing weggevreten en bestonden grote delen van de duinen enkel uit kaal zand. Dat zand ging vervolgens stuiven en vormde een bedreiging voor de bewoners en de graslanden in de polder. Toen Staatsbosbeheer in 1910 op het eiland kwam werd het Oerol afgeschaft, het vee mocht niet meer vrij grazen. Er werden bossen geplant, want Staatsbosbeheer moest ook geld verdienen. Het hout werd verkocht aan de kolenmijnen in Limburg om de mijngangen te stutten.'

Als Staatsbosbeheer in 1910 naar Terschelling komt, wordt tachtig procent van het land eigendom van 'De Staat' zoals de organisatie door de eilandbewoners wordt genoemd. Het leidt soms tot frictie tussen Staatsbosbeheer en de eilanders, vertelt Freek.

'Staatsbosbeheer is grootgrondbezitter op Terschelling en moet zich dus bescheiden opstellen. Het overgrote deel van ons werk gaat op aan overleg met ondernemers en boeren om het goede te doen voor het eiland. Dat zorgt voor spanningen.

Bouw je het hele eiland vol of probeer je het karakter te bewaren? Wil je Terschelling als recreatie- en toeristeneiland in de toekomst handhaven, dan moeten we ons toch onderscheiden van de rest van Nederland en Europa. We willen geen massatoerisme zoals je dat ziet aan de Zuid-Europese kusten. Als je rondkijkt in Spanje zie je hoe gemakkelijk een mooi natuurgebied om zeep wordt geholpen. Alles is volgebouwd met boulevards en appartementencomplexen en voor eeuwig naar zijn mallemoer geholpen.

Het houdt mij voortdurend bezig. De spanning tussen het eiland beleven, beschermen en benutten. Het is moeilijk, maar het kan wel. Dat zie je met het theaterfestival Oerol. Dan zijn er vijftigduizend mensen tien dagen lang op het eiland in de meest kwetsbare tijd voor de natuur, de broedtijd. Vogels en Oerolbezoekers leven dan prima naast elkaar.'

En toch is het eiland kwetsbaar. De Waddeneilanden liggen langs een van de drukst bevaren zeeroutes. In januari 2019 verloor het grootste containerschip ter wereld, de MSC Zoe, 270 containers. Een deel van de lading spoelde

'Het pad naar Paal 3 is hét wandelgeheim van Terschelling.'

aan op het strand van Terschelling. Binnen een paar dagen was bijna alles opgeruimd, maar toch ligt er nog steeds veel zwerfvuil. Minuscule plastic bolletjes zitten nu in het ecosysteem en de rotzooi hoopt zich op in de magen van meeuwen, zeehonden en walvissen. En dan is er nog de enorme toestroom van toeristen naar Terschelling, die soms wringt met de stiltegebieden die zijn ingericht voor de trekvogels. Gaat het eiland Amsterdam achterna?

'Het is een glijdende schaal,' zegt Freek. 'Er zijn nog heel rustige gebieden, maar we moeten wel zorgen dat het zo blijft. En er is steeds meer druk om meer te organiseren op Terschelling. Er zijn veel festivals en er komt nog meer bij. We willen ook rekening houden met mensen die willen genieten van de natuur. Persoonlijk denk ik dat we in de risicozone zijn beland.'

Lachend: 'En dan ga jij deze route ook nog eens beschrijven in je wandelboek. Maar goed, de route naar de Noordsvaarder is niet voorzien van routepaaltjes en dan blijkt toch dat er minder wandelaars komen. Mensen lopen gewoon hun neus achterna.'

Onwaarschijnlijk mooi is het hier. Drie uur wandelen we door bossen, weilanden, de hoge duinen op en via het strand weer terug richting De Walvis.

Het pad naar Paal 3 is hét wandelgeheim van Terschelling.

Vlak voor de duinen zwaait Freek ons uit: 'Vergeet niet als je op de top van de duinen staat nog zeker vijfhonderd meter door de duinenrij te lopen. Dat is echt prachtig oerlandschap zoals je het bijna nergens meer ziet. Maak er een mooie wandeling van en zoals we hier zeggen: "Mar gauw weer es komme!"'

wandelroute Terschelling

Startpunt:
De Walvis
aan het
Groene Strand

Afstand: ongeveer 10 km
Duur: 2 à 3 uur

- Vanaf De Walvis rechtsaf schelpenpad op.
- Loop door via verharde betonnen wandelpad en sla vlak voor het dorp bij de driesprong linksaf.
- Dit is het Kaapsduin, een van de eerste duinen beplant door Staatsbosbeheer. Rechts zie je de Brandaris.
- Links aanhouden, via de trap naar het uitzichtpunt; voor je het peilhuisje op de bunker.
- Ga linksaf via betonnen pad naar beneden en daarna links de rode route.
- Volg de rode route naar beneden, aan de bosrand (schelpenpad oversteken) rechtdoor.
- Na ongeveer 300 m op de driesprong linksaf, schelpenpad oversteken en na circa 20 m op de driesprong rechtsaf.
- Nu loop je langs het Groene Strand, in het voorjaar en de zomer een prachtig bloemrijk weidelandschap. Hier lag in 1850 de kustlijn.
- Bij de splitsing, aan het eind van het Groene Strand, linksaf.
- Op de driesprong rechtsaf, na ongeveer 75 m links aanhouden en na 150 m weer links aanhouden.
- Nu kom je op een prachtig bloemrijk pad door het weidelandschap.

- Ga hier rechtdoor naar de hoge zeeduinen (zeereep) bij Paal 3 over de duinen.
- Na de klim over de duinen, linksaf het strand op en na 2 km loop je met een grote bocht en van daaruit via de Noordsvaarder terug naar De Walvis.

Pleisterplaats:
De Walvis
Groene Strand
8881 AB Terschelling

Paviljoen West aan Zee
Badweg west 7
8881 HG West-Terschelling

Leudal

Het Leudal

De gelukkige wandelaar

Voor het eerst zie ik mijn hart kloppen.

Op een kleine monitor zijn de hartkleppen en de krachtige bewegingen van beide kamers en boezems duidelijk zichtbaar. Alles lijkt in orde en tegelijkertijd extreem kwetsbaar. Een echoapparaat, dat ik alleen ken van de zwangerschappen van mijn vrouw, verkent alle kanten van mijn hartstreek. Zonder hapering word ik al meer dan vijftig jaar bediend door een Zwitsers uurwerk met groot uithoudingsvermogen. Die gedachte emotioneert, omdat tegelijkertijd de eindigheid in beeld komt.

Op aandringen van mijn familie, waar hartproblemen frequent voorkomen, lig ik op een behandeltafel in het Cardiologie Centrum Amsterdam Zuid op het IJsbaanpad. Ik hou niet van dit soort onderzoeken. Voordat je het weet verschijnt er een 'probleem' op het scherm. Een afwijking die mijn doel, de marathon van New York, bruut verstoort.

Ter afleiding, en natuurlijk ter lering en vermaak, heb ik mijn zoontje meegenomen. Hij kijkt gebiologeerd naar het scherm en stelt tientallen vragen. Buiten is het dertig graden, binnen raak ik bezweet door de fietstest.

Later legt cardioloog en duursporter Igor Tulevski de fascinerende werking uit van de sterkste spier in ons lichaam. Ik hoef me geen zorgen te maken. 'Je hebt de conditie van een Ajacied,' vertelt Tulevski.

'Prima hartslag, ook het cholesterolgehalte is in orde.'

Ik vraag niet door en kijk opgelucht naar mijn zoon.

New York, here we come.

Natuurlijk had ik me, net als mijn loopkompanen, al veel eerder moeten laten onderzoeken. Maar ik ben wat dat betreft een ongedisciplineerd sporter. Zeker, ik maak wekelijks trouw mijn kilometers, maar hou nooit bij hoelang ik loop of hoe snel. Ik vertrouw volledig op de geavanceerde horloges en tijden van mijn vrienden. Schema's en afstanden worden me ingefluisterd.

Jaloers lees ik het prachtige boek *Waarover ik praat als ik over hardlopen praat* van Haruki Murakami.

Niet alleen is zijn schrijfstijl fenomenaal, Murakami traint iedere dag, noteert nauwgezet zijn afstanden, en rent jaarlijks één marathon. Hij ziet zijn lichaam als een instrument, een machine, een uurwerk. De drie belangrijkste kwaliteiten van een schrijver, zegt Murakami, zijn talent, focus en uithoudingsvermogen:

> Veel van wat ik weet over schrijven, heb ik geleerd door iedere dag te rennen. Sommige mensen vinden iedere dag hardlopen bespottelijk, alsof je daardoor langer blijft leven. Maar ik geloof niet dat mensen om die reden rennen. De meeste hardlopers rennen niet om langer te blijven leven, maar om alles uit het leven te halen. Als de jaren verstrijken is het veel beter voluit te leven met duidelijke doelen, dan te leven in de mist. Ik geloof dat hardlopen me daarbij helpt. Tot het uiterste gaan binnen je individuele limiet: dat is de essentie van rennen, en een metafoor voor het leven – en voor mij geldt dat ook voor schrijven. Ik denk dat veel renners het hiermee eens zijn.

'Sommige mensen vinden iedere dag hardlopen bespottelijk, alsof je daardoor langer blijft leven.'

Hartgrondig!

3 november 2013, een bewolkte zondagochtend in New York. De temperatuur schommelt rond de 11 graden en er staat een snijdende wind. Vlak voor het startschot bezingt Frank Sinatra bemoedigend mijn lievelingsstad. Ik voel me sterk, maar ben nerveus. Nu moet het lukken, ik heb hier tenslotte jaren voor getraind.

Massaal zetten we ons in beweging op de Verrazano Bridge. Als horzels zoemen zeker tien politiehelikopters boven de brug. De NYPD laat niets aan het toeval over na de aanslag eerder dit jaar op de marathon in Boston waarbij drie doden zijn gevallen. Vlak na de brug slaan mijn zenuwen en mijn blaas op hol. Eerste plaspauze, meteen al tijdverlies. *Damn.*

Langzaam kom ik in mijn ritme en begin te genieten van de enorme verscheidenheid van de inwoners van deze stad. Een smeltkroes in optima forma. Meteen na de brug in het zuiden van Brooklyn worden we aangemoedigd door grote groepen latino's met stuwende salsa, daarna de *blue collar working class* met Bruce Springsteen en ACDC. In Williamsburg chassidische joden, Polen, hipsters en yuppen. Vol energie draaf ik de Queensborough Bridge op. Nog steeds fit en nu volop genietend van de route door de vijf stadsdelen, de *boroughs* van New York.

Pittig wordt het op het vals plat van First Avenue richting de Bronx. De vermoeidheid slaat nu toe, ik krijg verschrikkelijke honger en de diesel begint te haperen. Godzijdank staan in de Bronx mensen langs de route met stukjes banaan. Ik verga van de honger maar durf niet te veel te eten, bang voor buikkrampen. In Harlem krijg ik het pas echt zwaar en moet me verbijten. Niet stoppen, niet gaan wandelen, door, door, door.

Opgeven is geen optie, dit is New York. In Central Park, vlak voor de laatste bocht, bespeur ik in de massa mijn geliefde. We zwaaien, nu moet het echt uit de tenen komen. Godverdomme, dit is heavy. Waar blijft de finish? Eindelijk zie ik de tribunes en de digitale klok in de verte, ik ga het redden, en nog wel binnen de vier uur. Vlak na de finish val ik in de armen van een bevriende cameraman. SBS doet een poging tot een interview, maar ik kraam onzin uit. Een halfuur later knap ik redelijk snel op in een koffietent. Triomfantelijk check ik mijn eindtijd, onder de vier uur toch zeker?

De vermoeidheid slaat nu toe, ik krijg verschrikkelijke honger en de diesel begint te haperen.

Toch niet. 4:12:19 meldt de klok onverbiddelijk. Bij terugkomst in Nederland munten mijn Hollandse loopvrienden de term 'twelve minutes of shame'. Er zit niets anders op, ik moet nog een keer terug voor een marathon onder de vier uur.

Twee jaar later is het zover, maar mijn eindtijd gaat er niet op vooruit. Op de finishlijn stort ik half in en zie er volgens mijn vrouw uit als een lijk. Het is genoeg geweest. Ik besluit dat dit voorlopig mijn laatste marathon was en ga langzamer lopen, want dat is wandelen toch eigenlijk. Minder blessuregevoelig, minder stressvol en vooral ook veel beter voor mijn hart.

Over het hart gesproken, vandaag ga ik op pad met ome Jan, de zachtaardige broer van mijn moeder. Hij is natuurgids in het Leudal, vlak bij Roermond in Midden-Limburg. Jan is een liefhebber, een connaisseur, onverslaanbaar op het gebied van planten en dieren. Hij wandelt minimaal drie keer per week in dit prachtige gebied, met zijn holle weggetjes en beekdalen. Het is zijn achtertuin, hij woont in Nunhem. Jan is ook een klein medisch wonder. Op zijn 35ste kreeg hij zijn eerste hartinfarct, twaalf jaar later ging het opnieuw mis en overleefde hij ternauwernood een hartstilstand.

Nu is hij 71, topfit, de benjamin uit een gezin van zeven kinderen, en verslaafd aan de natuur.

We beginnen onze tocht bij de Sint-Ursulamolen, startpunt van veel wandelingen, en lopen richting de Litsberg. Hier rolde ik als klein ventje tijdens een vakantie het duin af en de beek in. Ome Jan vertelt me over zijn jeugd, zijn liefde voor het buitenleven en natuurlijk over het varkenshart en de cardioloog.

'De natuur was vroeger onze speeltuin. We zaten als kleine jongens altijd al in het bos. Vingen eekhoorntjes die we thuis in een hok zetten, met een groot rad gemaakt van een fietswiel. Het is niet meer van deze tijd. Ik was acht jaar oud en boven mijn bed hing een krans van eieren die we uit nesten hadden gehaald. En in de beek gingen we op jacht naar salamanders. Belachelijk natuurlijk, als ik dat nu zo vertel. We waren destijds meer natuurvandalen dan natuurliefhebbers. Pas later sloeg dat om. Ik kwam in contact met een vogelaar. Hij had cassettebandjes met vogelgeluiden en die heb ik allemaal uit mijn hoofd geleerd. Nu kan ik bijna alle vogels aan hun zang of geklop herkennen.'

We wandelen langzaam, aandachtig. Jan staat vaak stil, luistert, fluistert en wijst naar een kleine bonte specht. Niets is slimmer dan de natuur, vindt ome Jan.

'Kijk maar naar een burcht van de bever die zijn ingang heel ingenieus onder de waterlijn verstopt en dan naar boven graaft naar een drooggelegen gebied. Er zijn in zo'n burcht nooduitgangen en luchtkanalen.

Briljant, daar kan de mens niet tegenop.'

Ten noorden van de heuvels van Zuid-Limburg is het Leudal een van de mooiste, onbekende natuurgebieden van de provincie. Het Leudal ligt ingesloten tussen de Maas bij Roermond en het Brabantse Weert. Natuurlijk, de lokale bevolking komt er graag, maar verder lijkt het gebied nog onontdekt. We zien dassenburchten, een schuwe, pijlsnelle ijsvogel en de rood-witte strepen op de bomen van het Pieterpad. Zeven jaar wandelt ome Jan nu als natuurgids door het Leudal. En hij heeft zich nog geen seconde verveeld.

'Met een groepje vrijwilligers willen we mensen de natuur laten beleven. De natuur betekent alles voor me, ik kan er mijn ei in kwijt. Je kunt van zo veel zaken genieten. Veel mensen lopen wel door een bos, maar ze zien niets. Pas als je erover begint te vertellen gaat er een wereld voor ze open. Ik vertel bijvoorbeeld over de functie van korstmossen die een indicator zijn voor de stand van de natuur in een gebied. Je kunt er de zuurgraad van de natuur aan aflezen.

De natuur is ook goed voor de geest. Je erin verdiepen verruimt niet alleen je kennis, het is ook echt een openbaring.'

Maar verder dan dat gaat de geestverruiming van ome Jan niet. Hij is geen bomenknuffelaar. 'Er is een vrouw die voor het bezoekerscentrum cursussen geeft en met mensen in het bos gaat liggen en naar de hemel kijkt. Dan voelen ze van alles. Maar daar voel ik me niet bij thuis, dat is me te zweverig.'

Dit jaar wordt hij 72, het is hem niet aan te zien. Geen spoor van een buikje, een jongenslichaam.

'Voor mijn leeftijd en met wat ik heb meegemaakt ben ik topfit. Op mijn 35ste ging het fout. Ik zei tegen mijn vrouw: "Ik voel dat er iets mis is met mijn hart." Het was zo erg, ik schreeuwde van de pijn. De dokter van de weekenddienst wilde aanvankelijk niet komen. Uiteindelijk kwam er toch iemand opdagen en moest ik met de ambulance naar het ziekenhuis. Ik had een licht voorwandinfarct. Dat was de eerste keer. Op dat moment was ik de jongste patiënt met een hartinfarct in het ziekenhuis.

De tweede keer, dertien jaar later, donderde ik achterover in een danszaal tijdens de kermis in Nunhem. We waren met vijf stellen, om de beurt dansten we met elkaar. Ik herinner me nog dat ik aan het walsen was, daarna werd het zwart voor mijn ogen. Een van mijn vrienden was verpleger en hij heeft me samen met een meisje in de zaal gereanimeerd. Na twintig minuten kwam er pas een ambulance. Als zij er niet waren geweest, liep ik hier nu niet meer.

Ik heb stront geluk gehad. Anderhalve week lag ik in het ziekenhuis en zag in mijn kamer een kruisbeeld. Ook al geloofde ik al lang niet meer, ik heb toch maar een schietgebedje gedaan. Ik twijfelde aan alles, was onzeker. Het zijn van die momenten dat je houvast zoekt.

Na mijn eerste infarct kwam ik bij een cardioloog terecht die vijf behandelkamers had waar tegelijk vijf patienten op hem zaten te wachten voor een consult. Privacy was er niet, ik kon alles horen. Hij kwam met zijn witte jas en stethoscoop mijn kamertje binnen, trok mijn shirt even omhoog, nam de bloeddruk op en zei na twee minuten: "Kom over een jaar maar weer terug." Lopendebandwerk, ik had geen enkel vertrouwen in hem. Bij een volgend bezoek dacht ik: deze man ga ik testen.'

Net als mijn moeder is ome Jan kordaat, hij maakt van zijn hart geen moordkuil. Op verjaardagen slaan de volumemeters in het rood, een operafamilie. Goede verhalenvertellers, om het hardst en vaak door elkaar heen.

'In die tijd was ik keurmeester in een varkensslachterij. Ik moest varkens-

Jan Keunen en Frits Huys

harten opensnijden om te kijken of het varken gezond was en de hartkleppen er goed uitzagen. Een varkenshart lijkt enorm veel op een mensenhart.

Tijdens het keuren in de slachterij zocht ik een kerngezond varken uit en sneed het hart eruit.

Dat hart heb ik in een plastic bakje gedaan en meegenomen naar de cardioloog.

In de spreekkamer haalde ik dat bakje tevoorschijn en zei: "Dokter, ik wil u iets laten zien. Hier heb ik een varkenshart en u heeft gezegd dat ik een licht voorwandinfarct heb gehad. Kunt u me aanwijzen waar dat precies zit?"

Hij schrok zich een hoedje. "Ja, daar onderin ergens."

Hij wees precies de verkeerde plek aan en vroeg of ik het hart wilde weg doen. "Ik word er een beetje onpasselijk van."

Als keurmeester had ik duizenden varkensharten opengesneden, ik wist precies welke plek hij had moeten aanwijzen, maar de man had geen flauw idee.

Ik ben naar buiten gelopen en heb besloten dat ik deze cardioloog nooit meer wilde zien.'

We lopen ondertussen langs de witgeschilderde Sint-Servaaskapel waar de heilige een bron zou hebben laten ontspringen: de Sint-Servaasput. De legende vertelt dat hij hier de eerste lokale christenen zou hebben gedoopt. Ieder jaar komen mensen nog kijken naar de Sint-Servaasprocessie.

'Na mijn hartstilstand heb ik heel bewust gekozen mijn leven aan te passen. Ik was veel te dik en had een te hoog cholesterolgehalte. Nu wandel en fiets ik veel, ik zwem en doe aan fitness. Iedere dag ben ik in beweging. Ik heb nergens last van en voel me prima.

De natuur is een belangrijk onderdeel van het bewuste leven, ik ga erin op. Tijdens het wandelen denk ik nooit aan mijn hart. Als je sombert over je hartconditie heeft het natuurlijk geen zin. Ik zoek tijdens het wandelen afleiding in de natuur. Niet als een blindeman de paadjes volgen, dat zie ik toch zoveel om me heen: mensen die driftig met wandelstokken fanatiek een route nalopen.

'Na mijn hartstilstand heb ik heel bewust gekozen mijn leven aan te passen.'

De grootste oorzaak van hartklachten is natuurlijk toch stress. Dat gold ook voor mij. Ik had problemen op mijn werk, er dreigde ontslag. Daardoor was de druk enorm en was ik constant aan het piekeren.

Dat geldt natuurlijk ook voor jouw wereld. Kijk naar Tom Egbers die onlangs een klein infarct heeft gehad of nog langer geleden, Willem Ruis. Die ging eraan ten onder. Jij bent net op tijd gestopt.'

En dan hard lachend: 'Net als ik ben jij een gelukkige wandelaar!'

We zijn weer terug bij het startpunt. De eerste krokussen staan in bloei, de zon schijnt en ik kijk met bewondering naar mijn fitte oom, de leukste man van het Leudal.

Wandelroute Het Leudal

Startpunt:
Leumolen 3
6083 BL Nunhem

Afstand: 4 kilometer
Duur: 1 uur

- Loop naar het pad tussen de molen en de vakantieboerderij Leuhof.
- Loop dit pad omhoog. Na houten bank links, na ongeveer 15 m schuin links naar beneden lopen.
- Volg dit pad stroomafwaarts langs de beek.
- Bij bordje met een witte W op een blauw plaatje de beek verlaten en rechts omhooglopen.
- Boven aangekomen zie je links vanaf een berg de beek lopen. Dit is een van de hotspots van het Leudal, de Litsberg!
- Met de Litsberg aan je linkerhand vervolg je het breedste pad rechtdoor.
- Je passeert het wandelknooppunt nr. 50. Volg route 2 van dit knooppunt en daarna 1ste pad rechts.
- Op driesprong rechts aanhouden. Na een pad rechts het 1ste pad links volgen. Dit pad volgen tot je bij een kapel komt. Misschien even tijd om te rusten!
- Vervolg de route, staande voor de kapeldeur, rechts van de kapel omhoog. Bij driesprong rechts aanhouden; vervolgens bij T-splitsing links aanhouden. Aan je rechterhand bij paalversperring het pad door de versperring vervolgen.

Pleisterplaats:
De Busjop
Busschopweg 9
6093 AA Heythuysen

St. Elisabeth's Hof
Roggelseweg 56
6081 NP Haelen

- Bij de 2de paalversperring het pad volgen door de versperring naar beneden.
- De beek, de Leubeek, oversteken. Links zie je de onderkant van de Litsberg.
- Na de brug het pad rechts vervolgen. We verlaten hier met een bocht naar links de beek.
- Op een Y-splitsing het pad rechts volgen. Aan je rechterhand zie je nu de Zelsterbeek.
- Bij paalversperring rechtsaf over de houten brug. Dit pad, het Lange Pad, blijven volgen.
- Bij knooppunt 60, aan je rechterhand, route 69 volgen, rechts naar beneden.
- Bij splitsing het linkerpad volgen; bij aanduiding 'Ommetje Kinkhoven' rechts aanhouden.
- Bij 2de bordje 'Ommetje Kinkhoven' rechtsaf langs de beek; dit is weer de Leubeek.
- Het pad blijven volgen totdat je rechts geleid wordt; op dit punt mondt de Zelsterbeek uit in de Leubeek. Het pad loopt nu deels langs de Zelsterbeek en buigt iets naar rechts.
- Boven aangekomen ga je links weer op het Lange Pad verder.
- Aangekomen bij dezelfde brug van daarnet ga je nu rechtdoor over de brug en vervolg je dit pad ongeveer 1 km.
- Daar waar dit brede pad iets naar beneden loopt, links de holle weg volgen. Na 150 m ben je weer bij de Leumolen.

Tiengemeten

TIENGEMETEN

Het kleinste bewoonde eilandparadijs van Nederland

Iedere ochtend neemt pontbaas Huib de krant mee voor Ben. Het is kwart over zeven als de koffie al klaarstaat in de serre van Bens rijtjeshuis. Meestal schuift boswachter Eduard ook aan. Zo zitten ze vroeg in de ochtend gebroederlijk met zijn drieën op een van de meest bijzondere eilanden van Nederland, Tiengemeten.

Ben van Leeuwen is met zijn 73 jaar de oudste bewoner van het eiland. Na de dood van zijn buurman en kaartmaatje Hugo twee weken geleden, zijn er nog maar negen vaste bewoners over. Natuurlijk waren ze allemaal bij Hugo's crematie. Diezelfde middag hebben ze nog het glas op hem geheven en 'Oh, Oh Den Haag' gezongen. De in de hofstad geboren Hugo Schortinghuis had sinds 1973 een huisje op het eiland. Met zijn 135 centimeter was deze rattenvanger en zelfbenoemde woordvoerder van Tiengemeten een opvallende verschijning.

Nu zijn ze dus nog maar met zijn negenen. De laatste der Mohikanen. Eerlijk gezegd, ik had er nog nooit van gehoord, van Tiengemeten in het zuidelijkste puntje van Zuid-Holland.

'Eerlijk gezegd, ik had er nog nooit van gehoord, van Tiengemeten in het zuidelijkste puntje van Zuid-Holland.'

De naam duidt op de grootte ervan: een gemet is een oude landmaat van bijna een halve hectare. Met zeven kilometer lang en twee kilometer breed is Tiengemeten het kleinste bewoonde eiland van Nederland. Ook al zijn er weinig wandelroutes, hier wil ik, als eilandliefhebber, toch naartoe.

De eigenaar van het eiland, Natuurmonumenten, heeft de aardappelakkers van de boeren omgeploegd tot grasland en watermoerassen. Elf kilometer asfaltweg is opgeruimd en vervangen door kreken. Tiengemeten is teruggeven aan de natuur. Sommige bewoners zijn ervan overtuigd dat Natuurmonumenten hen liever kwijt dan rijk is.

Ik ben nog geen dag op het eiland en nu al lijkt het alsof ik alles weet van iedereen. Nou ja alles, dat gaat wat ver, maar deze kleine gemeenschap kent elkaar door en door en iedere afleiding is dus welkom.

Samen met mijn ouders, vrouw en dochter logeer ik in de Nicolehoeve, een van de drie vakantieboerderijen die verhuurd wordt op Tiengemeten. Als mijn zus ook nog langskomt, verdubbelen we deze week bijna het inwoneraantal van het eiland. Op Tiengemeten wonen daarnaast ook nog zesentwintig mensen met een psychiatrische ziekte in de Idahoeve, de zorginstelling van Bavo Europoort. Maar dat zijn tijdelijke bewoners. De Nicolehoeve werd overigens in 2005 nog gekraakt. Op het hoogtepunt waren er soms wel twintig krakers, die onder het motto 'de mens is de natuur' de krakersvereniging Kiem oprichtten. Na een jaar maakte de rechter een einde aan hun verblijf in de hoeve.

Huib Bijl, zwarte ringbaard en scherpe blik, is al 52 jaar pontbaas. Vanuit zijn huis boven op de dijk bij de haven van Nieuwenhuizen heeft hij mooi uitzicht op Tiengemeten. Op zijn veertiende zette zijn vader hem aan het roer. Nee, dat mocht niet, en er waren ook klachten van reizigers over de te jonge leeftijd van de kapitein. De politie kwam er nog aan te pas en schreef zelfs een proces-verbaal uit. 'Moeten jullie vooral doen,' had Huibs vader gezegd, 'kun je morgen en overmorgen weer terugkomen voor een nieuwe boete, want ik haal hem er niet af. We hebben het geld niet voor een extra kapitein.'

'Ik ben nog geen dag op het eiland en nu al lijkt het alsof ik alles weet van iedereen.'

Huibs opa, Jan Bijl, was ook pontbaas. Hij verdronk nog voor Huib was geboren tijdens een storm in het

Hellegat bij Willemsstad. Zijn lichaam verdween spoorloos in de golven. Een gevaarlijk beroep.

Als ik aan kom rijden zie ik Huib vanaf zijn huis op zijn fiets springen, de berg af naar de haven, een afstand van krap honderd meter. 'Waarom ga je met de fiets?' vraag ik Huib. 'Dan ben ik net even sneller bij de pont. Hoe vaak ik al heen en weer ben geweest naar Tiengemeten? Nou, reken maar uit. Honderd keer per week, vijftig weken per jaar maal 52 jaar. En het verveelt nooit. Nergens zijn de luchten zo fraai en kan mooi weer zo plotseling omslaan in een onstuimige hel. Ze noemen het vaarwater tussen Zuid-Beijerland en Tiengemeten niet voor niks het Vuile Gat.'

Deze strook water in het Haringvliet is berucht. Zeilvrienden vertelden mij hoe ze tijdens een storm plotseling op de kant van het eiland werden gesmeten. En Huib heeft een spectaculair filmpje op zijn telefoon waarop te zien is hoe hij bijna ten onder gaat met zijn boot tijdens een storm op het Vuile Gat. De boeg van het kleine

Eduard Reuvers

scheepje verdwijnt diep in de golven en komt ternauwernood weer boven water. Maar vandaag is het zonnig, het water vlak en ligt het eiland er gemoedelijk bij.

Binnen no time ben ik verliefd op Tiengemeten. Dit vlakke eiland onder de rook van Rotterdam heeft bijna alles. Het is klein en overzichtelijk. Bijna geen auto's te bekennen, geen winkel of café te zien. Onwerkelijk bijna, en overal waar ik kijk waanzinnige luchtpartijen. Zodra ik aankom met de pont bij het bezoekerscentrum

'De dienstregeling van de pont bepaalt het levensritme van de bewoners.'

van Natuurmonumenten, lijkt dit de nieuwe wereld. Bevers, Schotse hooglanders en een enorme variëteit aan vogels en bloemen. Ik heb geen idee hoe het eiland eruitzag toen hier nog geboerd werd, maar Natuurmonumenten heeft er een paradijs van gemaakt. Dit kleine eiland is prachtig en de sociale controle groot.

'In dat huis waar jij nu zit, logeerden eerder Katja Schuurman, prinses Mabel met haar kinderen en de koningin van de beha, Marlies Dekker.' Huib weet alles, hij is de spil van het eiland. Zijn pont is de slagader van Tiengemeten. De dienstregeling van de pont bepaalt het levensritme van de bewoners en daar wordt lang niet iedereen blij van.

Begin tegenover VPRO-radiojournalist Michal Citroen vooral niet over de vaartijden van de pont. Samen met Ton van der Graaf woont ze in een huis naast het Rien Poortvlietmuseum, vlak bij de haven op Tiengemeten.

Ton ontdekte het eiland in 1986 en het was liefde op het eerste gezicht. Hij huurde er een vakantiehuisje voor honderdvijftig gulden per maand bij boer Vos en werd daarmee officieel een 'weekender'. In 2008 kwam ook zijn toenmalige verkering en nu vrouw, Michal, deze kant op. Ze vestigden zich definitief op het eiland.

Ton schreef een mooi boek getiteld *Over het Vuile Gat*, een kroniek van Tiengemeten en de toen nog tien bewoners.

'Het is een heerlijke plek hier. Als ik terugkwam van de drukte in Hilversum en tien minuten op de pont stond, dan waaide alles van me af. Thuis fijn een vuurtje stoken in de tuin. Heerlijk. Het is de andere kant van het leven, de absolute rust van

Tiengemeten is voor mij onmisbaar geworden. Maar nu zijn we een uitstervend ras op het eiland. Wij vermoeden dat Natuurmonumenten uiteindelijk de huurcontracten niet meer gaat verlengen. Ze willen van ons af.'

Michal lachend: 'Ja, je spreekt hier wel met de voorzitter van de bewonersvereniging van Tiengemeten. Ik ben hier gaan wonen omdat ik van Ton houd. Iedere dag sta ik twee keer op de pont met de Tiengemeters. Dan spreek ik met pontbaas Huib en alle andere eilandbewoners. In die tien minuten kan je bijpraten, je weet precies wat er aan de hand is. Wie is ziek, wie is waar? Je weet alles!'

Ton is opgegroeid in Rotterdam en reisde voor de VPRO-radio de hele wereld over. 'Daarom was het zo bijzonder hier weer terug te komen. Om iedereen te kunnen vertrouwen in een hechte gemeenschap. Als we drie weken naar Spanje op vakantie gingen deden we niet eens de voordeur op slot.'

Michal wil ooit weer terug naar de stad, Ton is dan wel gek op de rust, voor haar kent het eiland ook hindernissen.

'Ik word gek van de dienstregeling van de pont en die kutfiles in Nederland. Ik haal de pont vaak net niet. Moet ik weer twee uur wachten...'

Ton: 'Maar dat is toch ook juist de charme van het eiland?'

Michal: 'Ik wil een brug.'

Ton: 'Nee, absoluut niet, dan gaat het eiland kapot.'

De rust, de stilte, de schoonheid en het isolement van het eiland, Ton kan zich een leven aan de vaste wal niet meer voorstellen. 'Als ik overlijd vertrekt Michal meteen uit Tiengemeten, als zij doodgaat blijf ik hier.'

'Als we drie weken naar Spanje op vakantie gingen deden we niet eens de voordeur op slot.'

In de dagen op het eiland spreek ik bijna alle bewoners. Vaak gaat het over de eigenaar van 'hun' paradijs, Natuurmonumenten. Jarenlang verzette Ton van der Graaf zich tegen de plannen van Natuurmonumenten voor het eiland. De 'Groene Khmer', noemde hij de natuurorganisatie. De acht boeren die hier nog een bedrijf hadden, vertrokken met de grootst mogelijke tegenzin en de achterblijvers voelden zich beknot in hun vrijheid.

Want hoe gaat dat met eilanders? Het zijn natuurlijk eigenwijze donders, ze hebben geen trek in regels van hogerhand, anders hadden ze wel aan de vaste wal gewoond. Voor de komst van Natuurmonumenten in 1997 reden kinderen van nog geen tien jaar oud hier rond in oude barrels. Een paar tientjes kostte een wrak bij de sloop, nog net goed genoeg voor een zomer rondcrossen op het eiland. Politie was er niet, de bewoners hadden hun eigen wetten en regels.

'Nu moeten we tot vier uur 's middags wachten,' vertelt Maya Penning van Herberg Tiengemeten lachend. 'Dan vertrekt boswachter Eduard Reuvers met de pont en is het eiland weer van ons.'

Samen met Hans Oosterhof runt ze de herberg, het restaurant en de camping aan de oostkant van het eiland. Acht jaar geleden brandde het gebouw af door kortsluiting in het rieten dak. Alleen een verkoolde balk met het uithangbord herinnert nu nog aan de verwoesting van toen.

Eduard Reuvers is vergroeid met Tiengemeten. Hij is al twintig jaar de boswachter, en de ware architect van het eiland, maar altijd in de schaduw van de plannenmakers op een kantoor ver weg. Tiengemeten is zijn kindje. Hij zag de boeren vertrekken en de aardappelakkers veranderen in een weelderig landschap. Moeras, kreken, akkers en een boomgaard wisselen elkaar hier af. Eduard is trots op zijn eiland dat hij nu deelt met de vijftigduizend bezoekers die hier jaarlijks naartoe komen. Vaak lopen ze allemaal dezelfde kant op: van de pont naar het oosten, richting de herberg en weer terug. Dat is jammer, vindt Eduard.

'Als je naar het westen loopt, voorbij de drie vakantiehuizen van Buitenleven, kom je nauwelijks meer wandelaars tegen. Daar is het echt prachtig.

Uit onderzoek blijkt dat mensen vanaf een bezoekerscentrum gemiddeld maar 1500 meter de natuur inlopen. Dat is het dan weer. Nog snel een kopje koffie, appelpuntje en met de kinderen naar huis. De vogelaars gaan verder de natuur in, die zijn op zoek naar de roerdomp en de grote karekiet.'

We staan bij 'de ruïne'. Eduard wijst naar een vervallen boerderij. Vroeger woonde hier een boerenfamilie, maar nu is de boerderij ontruimd en is dit het domein van uilen en vleermuizen. Vlak voor de boerderij ligt een van de tien beverburchten. Een eik staat op omvallen, de stam is bijna doorgeknaagd.

'Wij zijn er nu nog blij mee, met de bevers op het eiland,' zegt Eduard, 'maar er komt een moment dat je ze moet gaan beheren. Ze brengen te veel schade toe aan de waterkerende dijken.'

Het is een terugkerend probleem in Nederlandse natuurgebieden. Het overschot aan wild in de Oostvaardersplassen, de komst van de wasbeer in Limburg, en de bever in kwetsbare watergebieden. Zodra er op ze wordt geschoten komen actiegroepen in verzet. Eduard snapt wel waarom.

'Maar het berust volledig op sentiment,' legt hij uit. 'Exoten zoals de wasbeer moet je sowieso bestrijden. Ze duiken nu op in Limburg, maar ze horen niet in de inheemse fauna. Ze zitten andere beesten in de weg. Wij moeten hier op het eiland soms ook ingrijpen. Er is een overschot aan Canadese ganzen en nijlganzen. Die moeten worden afgeschoten. Als je het rustig uitlegt aan de mensen is er niks aan de hand.'

Nog een halfjaar mag hij genieten van Tiengemeten en dan is het gedaan. Hij is 66 en gaat met zeer gemengde gevoelens met pensioen. 'Het is dubbel, ik heb het eiland van het begin af aan zien groeien tot wat het nu is. Hier zit je midden in nergens. Alleen op de wereld. Het is moeilijk afscheid nemen.' Ook al werd het hem aangeboden door zijn werkgever, toch is hij niet gaan wonen op Tiengemeten. 'Dat moet je nooit doen, dan woon je op je werk. Het is een heel kleine gemeenschap. Daar komt alleen maar ruzie van. Ik ga om vier uur van het eiland af en dan is het klaar.'

'Hier zit je midden in nergens. Alleen op de wereld. Het is moeilijk afscheid nemen.'

We wandelen naar De Quarantaine, een gebouw op de noordoostpunt van het eiland waar doodzieke bemanningsleden van schepen werden opgesloten. Vanaf 1806 moesten zeelui hier afwachten of ze levend het eiland zouden verlaten, of hier werden begraven, aangevreten door de pest of cholera.

Het had overigens niks gescheeld of Tiengemeten had een totaal andere bestemming gekregen. De oorspronkelijke eigenaren, de familie Van Brienen van de Groote Lindt, verkochten het eiland aan baggerbedrijf Volker Stevin dat er een industrieterrein wilde bouwen. Later moest er een vliegveld komen, windmolens, een kernreactor of een Center Parcs. Alle plannen strandden uiteindelijk en nu ligt er een schitterend natuurgebied dat voor iedereen toegankelijk is. Een bijna geheime, fantastische plek in Nederland.

Rollatorvriendelijk ook. Tiengemeten is plat en mijn moeder loopt met de rollator, anders dan in Zuid-Limburg, kilometers door de natuur.

Ook al is het eiland klein, toch dwalen we er urenlang rond. Natuurlijk richting de herberg, maar het advies van boswachter Eduard Reuvers klopt. Vanaf het bezoekerscentrum lopen we naar het westen, langs de Schotse hooglanders, voorbij de vakantiehuizen over de dijk de polder in. Het is er rustig en er is geen wandelaar meer te bekennen. Na een uur staan we op de Rietheuvel. Hier schuilden de rietsnijders vroeger bij hoogwater. Nu staat er een stokoude appelboom; aan de onderkant aangevreten door de Schotse hooglanders lijkt de boom nog het meest op een bonsai. Dit is ook de favoriete plek van Eva, de vrouw van pontbaas Huib.

We varen op hun salonboot Heicondias rondom het eiland. De Haringvlietsluizen staan nu weer op een kier waardoor paling, zalm en zeeforel met het zoute water mee het Haringvliet binnen zwemmen. Overal zien we aalscholvers en aan de westkant van het eiland honderden zwanen. En vaste prik, in de zomer duikt er altijd een flamingopaartje op. Die twee zonderen zich af van een flamingokolonie in Zeeland.

Eva werkte bij de herberg. Iedere dag stond ze 's ochtends en 's avonds op de pont en viel als een blok voor pontbaas Huib.

'We noemen het "de tienminutentherapie". Iedereen vertelt zijn verhaal aan Huib op de pont en kan er dan weer tegenaan. Zo is het tussen ons ook begonnen, met die intense gesprekken tijdens de overvaart. Stapelverliefd, we hebben een *Love Boat*-relatie.'

Ze zijn alweer negen jaar samen en Eva is nu ook schipper. Misschien kan ze het roer overnemen van de pont als Huib later dit jaar met pensioen gaat. Eva is veertig, woonde voorheen in Rotterdam en wil nooit meer terug naar de stad. Ze is gek op het eiland, ook al woont ze aan de overkant in Nieuwenhuizen.

'Ik ben een natuurmens en houd van de rust en de kleine gemeenschap. Toen ik nog in Rotterdam Zuid woonde, zijn er tien fietsen van me gejat en is er vijf keer bij me ingebroken. *Been there, done that.* Doe mij het eiland maar, het is zo mooi hier. Mensen onderschatten chronisch hoe fraai en groot dit gebied is. Als ik wakker word zie ik vanuit mijn huis een reetje in de wei of een zeearend in de lucht. Er zitten nu al veertig bevers op Tiengemeten.'

Huib moet nu bijna stoppen en ook al gaat een schipper nooit met pensioen, met het vertrek van Huib eindigt een tijdperk. Vier generaties lang bediende zijn familie de pont. 'Mijn vader heeft gevaren tot aan zijn dood. Een paar uur na zijn laatste vaart is hij in bed overleden. Hartaanval. Hij was zeventig.'

Liefst wil Huib hier blijven of beter nog, op Tiengemeten. 'Dan neem ik meteen mijn schip mee.'

'Het eiland wordt steeds populairder. Als ze weten hoe bijzonder dit gebied is, komen hier straks busladingen met Chinezen.'

Ze zijn verknocht aan het gebied dat volgens Eva alleen maar mooier wordt.

'De natuur neemt het over, die is altijd sterker dan de mens. Wij hebben het alleen maar een beetje geordend. Het eiland wordt steeds populairder. Als ze weten hoe bijzonder dit gebied is, komen hier straks busladingen met Chinezen.'

En dan extatisch tegen Huib, 'Ik heb zo'n zin om met jou oud te worden op het eiland.'

De gemiddelde leeftijd van de eilandbewoners ligt nu boven de zestig. En dat is nu net de charme van het eiland, vindt Huib, de bewoners. 'Neem nou zo'n Ben. Hij zit in zijn eentje in dat rijtjeshuis, maar hij heeft wel de sleutel van het Rien Poortvlietmuseum en het bezoekerscentrum. Gaat het alarm plotseling af, dan zet Ben het uit. Als er niemand meer is, moet er iemand van de vaste wal komen.'

Ben van Leeuwen is geboren in Oudewater, vlak bij Gouda. Hij huurde in 1977 een weekendhuis op het eiland. Twintig jaar later vestigde hij zich er definitief. 'Ik heb me hier nog geen dag verveeld. Vanochtend was kapster Cora nog op bezoek. Ze is geboren op het eiland, in het huis van Ton. Nu heeft ze mijn haar kort geknipt, maar in de winter laat ik het groeien. Cora komt eens in de zes weken. Dan knipt ze ook Huib. Eduard van Natuurmonumenten zit er ook altijd bij.'

Ben woont in een van de acht rijtjeshuizen, vlak tegenover de natuurspeeltuin Oerrr. Voor zijn huis bloeit een uitbundige Amerikaanse sering. In de vijver in zijn tuin zwemmen goudvissen, nog niet ontdekt door de blauwe en de witte reigers op het eiland.

'Je moet van de natuur houden en je moet tegen eenzaamheid kunnen. Er is natuurlijk geen straatverlichting, dus in de winter is het hier vroeg donker. Ik houd van lezen en puzzelen, dus ik zit mijn tijd wel uit hier.'

Ben is vrijgezel. Even zag het ernaar uit dat hij zou gaan samenwonen op het eiland, maar dat liep stuk op geld.

'Ik heb wel eens geprobeerd een vrouw naar het eiland te lokken. Het is een keer gebeurd in 2005, toen gingen we samen met Hugo en Huib naar Sail in Amsterdam. In een café op de Wallen had ik iets te veel likeur gedronken. De volgende ochtend werd ik wakker naast een zwarte vrouw. Ik kon me er niets meer van herinneren en dacht: jeetje, hoe kom ik daar nou an.

Ze kwam uit Ghana. Ben ik nog maar een paar dagen in Amsterdam gebleven. We hebben drie maanden verkering gehad. Ze is hier ook nog op het eiland geweest. Op zeker moment belde ze me op. Ze moest tienduizend euro hebben voor haar familie. Die wilde ze laten overkomen. Ik zei: "Dat doen we niet, je hoeft niet meer te bellen. Het is over en uit."'

En daarmee verdween de kans op kleurrijke demografische uitbreiding van Tiengemeten. Kinderen wonen hier niet meer, langzaam krimpt het bewonersaantal. De meeste bezoekers hebben überhaupt geen idee dat hier nog mensen wonen.

Ton van der Graaf wordt er weemoedig van: 'Natuurlijk vraag ik me af hoe het verdergaat als ik oud word. Ik ben nu 69, de enige reden om hier ooit weg te gaan is als het fysiek niet meer gaat.'

'Je moet van de natuur houden en je moet tegen eenzaamheid kunnen.'

Ben van Leeuwen maakt het niet uit. Hij is goedgemutst en prijst zich gelukkig met zijn leven op Tiengemeten.

'Ik denk dat wij de laatste vaste bewoners van het eiland zijn. Maar ik blijf hier tot mijn dood wonen. Zo'n stekkie krijg ik nooit meer, ik heb het reuze naar mijn zin hier. Ze kennen me hier begraven. Grond zat. Ik zal wel kijken hoelang ik het nog uit ken houden.'

Na vier dagen vertrekken we weer naar de vaste wal. Op de pont van

Huib slaat de weemoed toe. Het zal aan de mooie verhalen liggen van de bewoners, eigenzinnig maar ontzettend aardig volk. Tiengemeten heeft me in zijn greep. Wanneer weet ik niet, maar hier kom ik zeker terug.

Startpunt:
Haven Tiengemeten
Gele route
Rode route
Bruine route
Blauwe route

Er zijn vier prachtige wandelroutes op Tiengemeten variërend van een uur (gele route) tot twee uur (blauwe route).

Gele route

- De gele route van 4,5 km loopt vanaf de pont langs het Landbouw Museum en speelnatuur Oerrr naar het zuiden.
- Einde van de weg rechtsaf de polder in, richting de ruïne Irenehoeve en iets verder bij de ruïne van de aardappelloods (de loods is toegankelijk voor bezoekers. Er is een mooi uitzichtpunt) rechtsaf.
- Aan het einde langs de dijk weer rechtsaf en terug naar de haven van Tiengemeten.

Rode route

- De rode route van 6,5 km. Loop vanaf de pont linksaf over de verharde weg naar Herberg Tiengemeten.
- Iets voor de herberg ligt de Karantijn, waar vroeger zeelieden met een ziekte onder de leden werden verpleegd of stierven.
- Vanaf de herberg teruglopen en linksaf de polder in.
- Bij de Vliedberg rechtsaf en weer terug naar de pont.

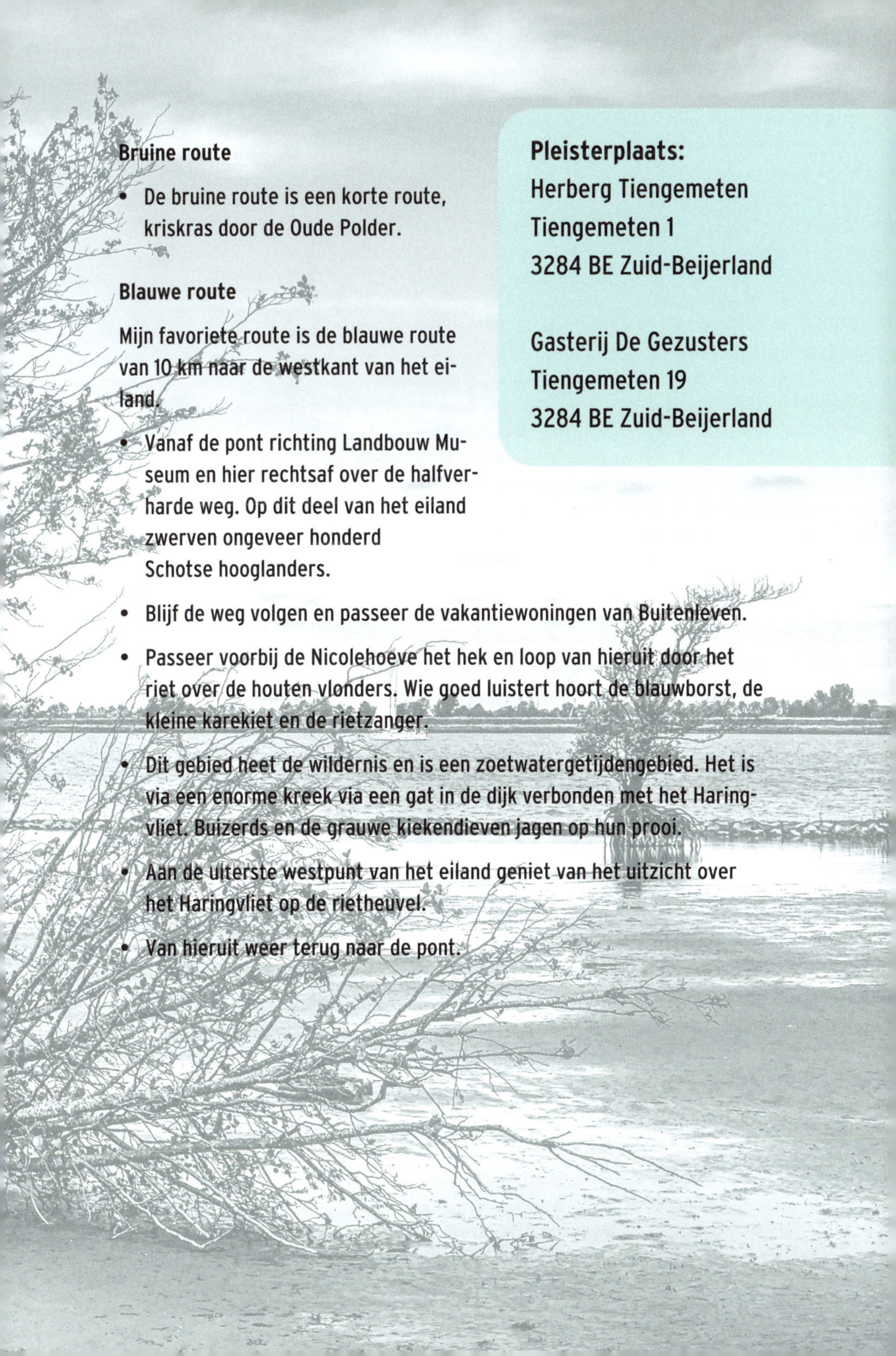

Bruine route

- De bruine route is een korte route, kriskras door de Oude Polder.

Blauwe route

Mijn favoriete route is de blauwe route van 10 km naar de westkant van het eiland.

- Vanaf de pont richting Landbouw Museum en hier rechtsaf over de halfverharde weg. Op dit deel van het eiland zwerven ongeveer honderd Schotse hooglanders.
- Blijf de weg volgen en passeer de vakantiewoningen van Buitenleven.
- Passeer voorbij de Nicolehoeve het hek en loop van hieruit door het riet over de houten vlonders. Wie goed luistert hoort de blauwborst, de kleine karekiet en de rietzanger.
- Dit gebied heet de wildernis en is een zoetwatergetijdengebied. Het is via een enorme kreek via een gat in de dijk verbonden met het Haringvliet. Buizerds en de grauwe kiekendieven jagen op hun prooi.
- Aan de uiterste westpunt van het eiland geniet van het uitzicht over het Haringvliet op de rietheuvel.
- Van hieruit weer terug naar de pont.

Pleisterplaats:

Herberg Tiengemeten
Tiengemeten 1
3284 BE Zuid-Beijerland

Gasterij De Gezusters
Tiengemeten 19
3284 BE Zuid-Beijerland

STRIJBEEKSE HEIDE

DE STRIJBEEKSE HEIDE

Een smokkelpad op de Belgische grens

Het afgelopen jaar trof ik in alle windstreken van het land de boswachters van Natuurmonumenten en Staatsbosbeheer. Liefhebbers, die van hun passie hun werk hebben gemaakt. Zij zijn de poortwachters van de mooiste gebieden van Nederland, de experts die blind de wandelroutes kunnen lopen in hun gebied en bijna iedere vogel en bloem herkennen. Veel van hun kennis is in dit boek terechtgekomen.

'Zij zijn de poortwachters van de mooiste gebieden van Nederland, de experts die blind de wandelroutes kunnen lopen in hun gebied en bijna iedere vogel en bloem herkennen.'

Ze waren ook bezorgd, merkte ik keer op keer. Want wie kijkt er om naar kwetsbare natuurgebieden die aan alle kanten onder druk staan? Criminelen dumpen hun chemisch drugsafval in de bossen, en stropers jagen op zeldzame dieren en planten. Zangvogels zoals de putter, hazen en reeën, maar ook zeldzame orchideeën leveren op de zwarte markt veel geld op.

We leven in een klein land met veel te veel boerenbedrijven, verkeer en industrie die samen een stikstofcrisis veroorzaken. Dat is goed voor grassoorten en bramen, maar funest voor heel veel planten, insecten en vogels. Stikstof is de stille sloper van de natuur.

En dan nog een totaal andere, verrassende reden voor hun bezorgdheid: het toenemende verbale en soms fysieke geweld tegen boswachters.

Als Natuurmonumenten in 2019 een onderzoek doet onder zeshonderd boswachters komt het tot de schokkende conclusie dat ze bijna allemaal te maken hebben gekregen met scheldpartijen en fysiek geweld, en het neemt alleen maar toe. Zomaar een voorbeeld: een boswachter werd in de Drunense Duinen mishandeld nadat zij een bezoeker aansprak op zijn loslopende honden.

Mensen gaan soms totaal uit hun plaat en de boswachter is meestal op zichzelf aangewezen. Soms duurt het wel een uur voordat de politie in de buurt is.

Steeds meer boswachters dragen het predicaat BOA, Buitengewoon Opsporingsambtenaar, en zijn in het bezit van een wapenstok, handboeien en soms zelfs een pistool. Bittere noodzaak, want stropers en drugscriminelen deinzen nergens meer voor terug.

En toch, overal in het land ontmoet ik goedgemutste boswachters, de ambassadeurs van het mooiste wat Nederland te bieden heeft op het gebied van flora en fauna. Leuk volk, met wie het goed wandelen is.

Op de Strijbeekse Heide bijvoorbeeld, vlak bij het Brabantse Chaam.

Het is eind augustus en met 24 graden een schitterende zomerse dag. Na maanden van droogte heeft het de afgelopen dagen eindelijk flink geregend. Een spectaculaire paarse gloed schittert over het landschap, wilde bijen zoemen massaal over de bloemenzee. Het zag ernaar uit dat de heidevelden, net als vorig jaar, grijsgrauw zouden blijven na een kurkdroge zomer. Maar onverwacht staat de hei nu dan toch volop in bloei.

‘Een spectaculaire paarse gloed schittert over het landschap, wilde bijen zoemen massaal over de bloemenzee.’

Met mijn ouders, Cheryl en de kinderen wandelen we door een paars landschap. De komende drie weken is de natuur op haar allermooist. We logeren in boswachtershuis De Wulp, gebouwd in 1932, midden op de hei en omgeven door naaldbossen, eeuwenoude akkers en betoverende vennen.

Vincent van Gogh heeft hier nog

gewandeld met zijn broer Theo. Op een zwerfsteen in de buurt van De Wulp staat een tekst uit een brief van de schilder aan zijn broer:

> En diezelfde twee broers zie ik in vroeger jaren
> Op een tocht 's winters naar Chaam over de besneeuwde heide 's morgens vroeg
> zoo hetzelfde voelend,
> zoo hetzelfde denkend en geloovend
> dat ik mezelf afvraag zijn dat dezelfden?

De zeldzame nachtzwaluw vliegt rondom ons huis op zoek naar nachtvlinders. Concurrentie is er volop van de vleermuizen. De nachten zijn helder, de hemel is bezaaid met sterren, in de verte roept een bosuil. Het lijkt wel alsof ik in de tuin de geur van nectar van de bloeiende hei kan ruiken, zo zoet en fris. Zelfbegoocheling waarschijnlijk.

In de weekenden is het soms druk op de Strijbeekse Heide, maar niet te vergelijken met het populaire Mastbos net ten zuiden van Breda, waar het op zondag polonaise lopen is. Vandaag is het rustig. Boswachter Liza van Velzen is onze gids. Ze is 32 jaar en werkt nu bijna acht jaar in het 300 hectare grote gebied. Ze loodst ons richting

Liza van Velzen

de grens met België, naar haar favoriete route.

We lopen op het Smokkelpad, gemarkeerd door bordjes met daarop de Belgische en Nederlandse vlag en een mannetje in silhouet met een zak op zijn rug. Deze grensroute was, zoals de naam al zegt, geliefd bij smokkelaars van boter, tabak, koffie en zout. Vroeger was het hier een vrijbuiterstaat, en nog steeds trouwens, alleen zijn koffie en boter ingeruild voor xtc en marihuana. Af en toe stuit Liza op vaten chemisch afval van drugslaboratoria. Vlak bij ons vakantiehuis zagen we gisteravond een wit busje met drie mannen en een hond, waarschijnlijk op zoek naar een dumpplek. Zodra ze ons in de gaten kregen, gingen ze er meteen vandoor.

'Af en toe stuit Liza op vaten chemisch afval van drugslaboratoria.'

Het bos als dumpplek. Niet alleen in Noord-Brabant en Limburg, maar ook in Utrecht, Gelderland en Overijssel vindt de politie steeds meer chemisch drugsafval. Duizenden liters zwavelzuur, mierenzuur en aceton vermoorden planten en dieren. Enkel de lucht inademen kan al voor brandwonden zorgen. 'Levensgevaarlijk,' vertelt Liza. 'Criminelen weten dat wij op sommige plekken in het bos camera's hebben hangen. Tegenwoordig zijn ze al zo gehaaid dat ze een gat in de bodem van een bestelbusje boren en daardoor al rijdend het gif laten weglopen op de snelweg. In Nijmegen zijn na zo'n lozing kinderen ziek geworden.'

Op het Smokkelpad zijn vandaag geen criminele activiteiten, de natuur heeft het hier nu voor het zeggen.

Bij de Strijbeeksche Beek, die de grens vormt tussen België en Nederland, is het landschap rijk aan bloemen. Langs de oevers bloeit de roze springbalsemien, een exoot, oorspronkelijk afkomstig uit de Himalaya en bijna niet te temmen. Door zijn grote bladeren ontneemt hij kleine planten het zicht op de zon. Fraai is het wel. Als we over een brug de beek passeren zien we een grenspaal. We zijn bij de buren in België.

'Misschien is het hier nog wel mooier dan in Nederland,' zegt Liza. 'De Belgen hebben niet snoeihard bezuinigd zoals de oud-staatssecretaris van Economische Zaken, Landbouw en Innovatie, Henk Bleker. In België wordt veel meer geïnvesteerd in natuurgebieden. Bleker – ik noem hem ook wel "de sloper" – heeft in 2014 het budget van Staatsbosbeheer enorm gekort. Een keiharde klap. Hij had alleen maar oog voor de boerenstand en liet de natuur links liggen. Daar zijn we nooit meer helemaal van hersteld.'

Het Smokkelpad is een van de mooiste wandelingen in deze omgeving. Volgens Liza maken veel te weinig mensen gebruik van de wandelpaden in Nederland.

'Voor veel mensen is de natuur een verborgen geheim. Ze komen er nooit. Jammer, want je knapt er meteen van op. Veel meer mensen zouden de natuur in moeten. Iedere dag een uurtje wandelen geeft lucht, maakt je rustiger en het leidt tot betere gesprekken. Jij hebt het wandelen meegekregen van je ouders. Dat is mazzel. Je mag ze daar wel dankbaar voor zijn.'

Ze woont vlak in de buurt, op een camping in Chaam. Liza heeft met haar baan bij Staatsbosbeheer en haar kleine huis van 21 vierkante meter gekozen voor een alternatieve levensstijl.

'Ik ben uit de ratrace gestapt en wil niet meer meedoen aan groot, groter, grootst. Waarom werken we ons uit de naad voor een groot huis? Iedere ochtend staat het land in de file. Ik geniet enorm van mijn werk, kijk ook geen journaal meer en heb nooit het gevoel dat ik iets mis. Vroeger keek ik 's avonds televisie en werd 's ochtends doodmoe wakker. Nu lees ik een boek en ga om negen uur naar bed. Heerlijk. Natuurlijk kun je ieder jaar naar verre oorden vliegen, maar een wandeling zoals wij die nu maken is ook een topvakantie.'

Zelf zweert ze bij wandelen en gebruikt ze haar tochten vaak om te mijmeren. De weg als metafoor voor zelfonderzoek. Ze heeft cursussen gevolgd bij prinses Irene. 'Zij heeft diepe indruk op mij gemaakt. Prinses Irene begrijpt dat niemand kan leven zonder de verbinding met de natuur. Ze is geridiculiseerd omdat ze bomen knuffelde. Maar wat is daar nou mis mee? Ik doe het zelf ook.'

'Voor veel mensen is de natuur een verborgen geheim. Ze komen er nooit.'

Als ze een grote Amerikaanse eik ziet vraagt ze ons rond de boom te gaan staan. Met zijn vijven omarmen we de stam. 'Dat is helemaal niet gek,' zegt Liza. 'Je voelt even aan een boom, je voelt de stroming in de stam. Als ik het aan kinderen vraag doet iedereen altijd mee. Ze vinden het hartstikke mooi.'

Het klopt, Jack en Dylan Rose vinden het prachtig en krijgen voor het eerst een indruk van de enorme omvang van deze eik.

Startpunt:
pannenkoekenboerderij
Het Smokkelaartje
Goudbergseweg 8
4856 AD Strijbeek

ROUTE 1
Afstand: 9 kilometer
Duur: 2,5 uur

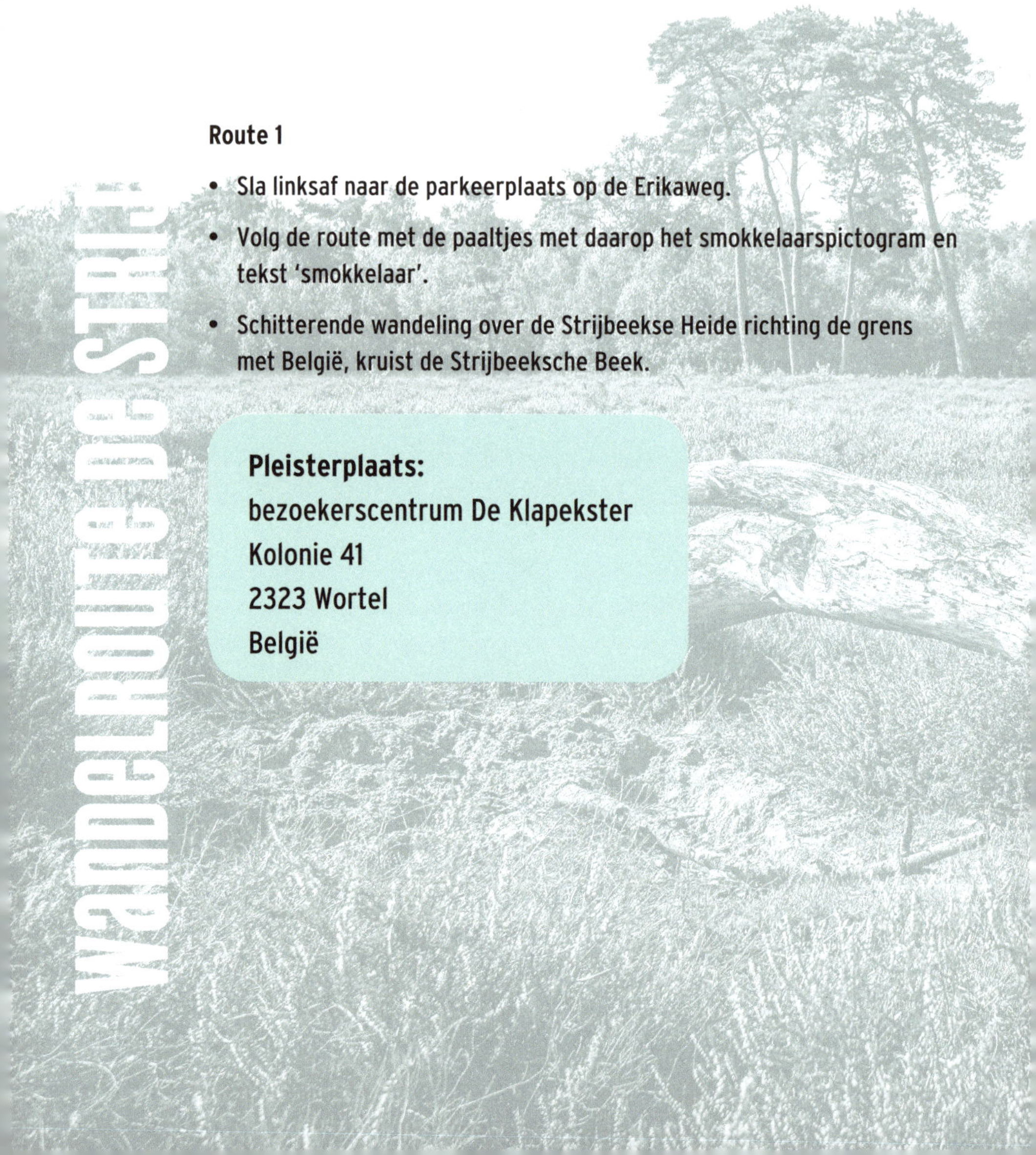

Route 1

- Sla linksaf naar de parkeerplaats op de Erikaweg.
- Volg de route met de paaltjes met daarop het smokkelaarspictogram en tekst 'smokkelaar'.
- Schitterende wandeling over de Strijbeekse Heide richting de grens met België, kruist de Strijbeeksche Beek.

Pleisterplaats:
bezoekerscentrum De Klapekster
Kolonie 41
2323 Wortel
België

ROUTE 2
Afstand: 9,6 kilometer
Duur: 2,5 uur

Startpunt:
parkeerplaats bezoekerscentrum
De Klapekster
Kolonie 41
2323 Wortel
België

Route 2

- Halsche Beemden.
- Route staat aangegeven op wandelbord bij De Klapekster.
- Toverachtige wandelroute langs het Merkske, een zijriviertje van de Mark. Het Merkske vormt de natuurlijke grens tussen Nederland en België en tussen de Noorderkempen en Noord-Brabant.

Pleisterplaats:
Het Smokkelaartje
Goudbergseweg 8
4856 AD Strijbeek

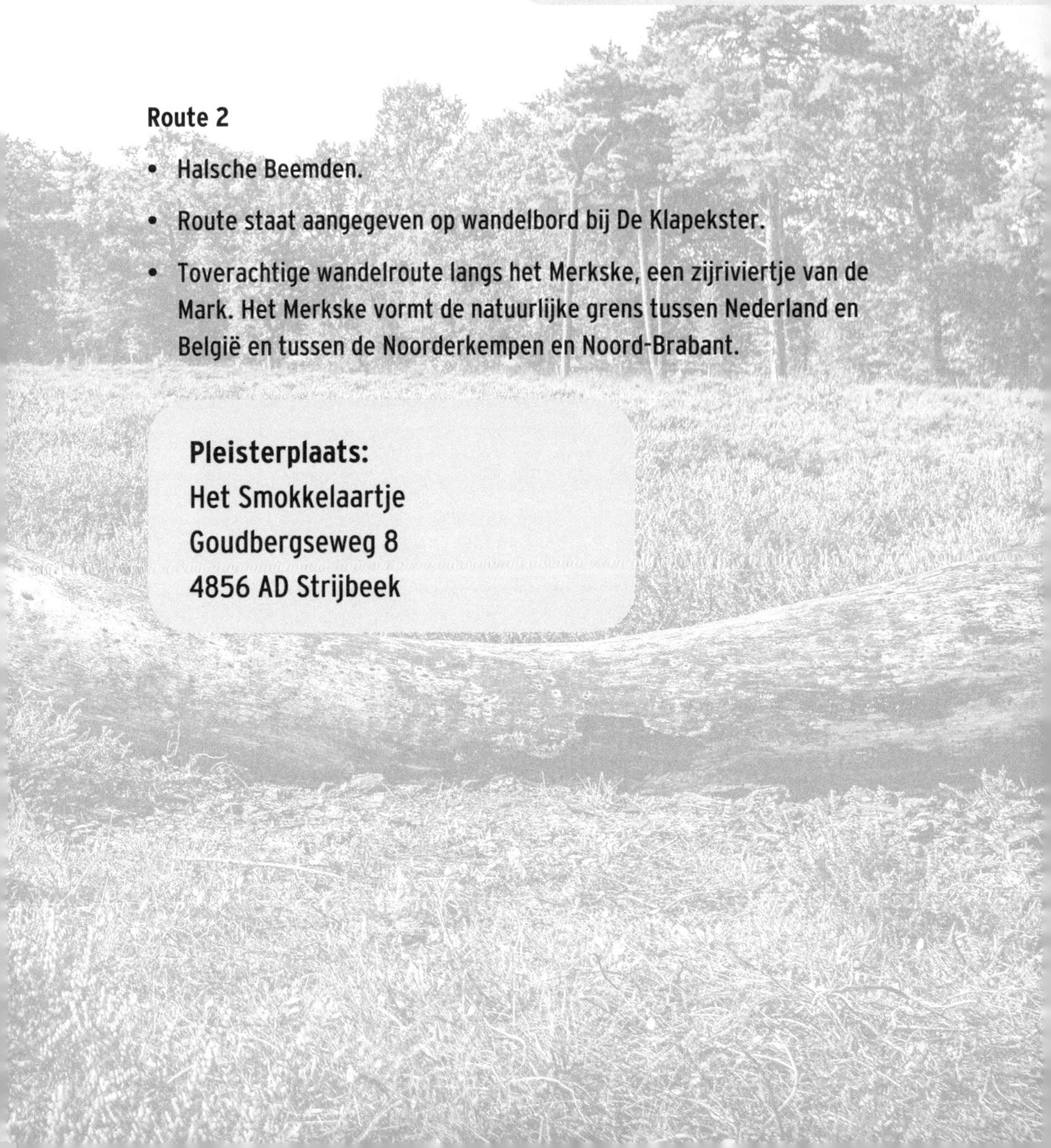

Manteling

De Manteling

Driemaal daags lopen is het devies

Zelfs overdag lopen de damherten hier doodgemoedereerd over de wandelpaden. Ze stammen af van de herten die zijn vrijgelaten uit de hertenkampen tijdens de inundatie van Walcheren in oktober 1944. De geallieerden bombardeerden in dat jaar de dijken van Zeeland om het terrein van de Duitsers vlak voor de invasie te verkleinen. En met succes. Na felle gevechten gaven de Duitsers de bezette gebieden op. Een opgeblazen bunker herinnert nog aan de oorlog. Jongens met metaaldetectoren vinden hier nu nog steeds handgranaten.

Dit bos en het duingebied in het Zeeuwse Walcheren barsten van de geschiedenis. Middelburg was in de zeventiende eeuw, na Amsterdam, de grootste VOC-stad. En net als aan de Vecht, vlak bij Amsterdam, bouwden de rijken hier hun villa's om de stank van de stad in de zomer te ontvluchten. Zo bezien waren de VOC-kooplieden feitelijk de eerste toeristen in de bossen tussen Oostkapelle en Domburg. Meer dan vijftig buitenplaatsen waren er, nu zijn er nog een handvol over, verscholen in de bossen.

Vanuit boshuis 't Uusje, waar we logeren, hoor ik op een stille avond niet alleen het ruisen van de branding, maar ook de schreeuw van een pauw die rondscharrelt op de buitenplaats Berckenbosch. Even verderop ligt kasteel Westhove en naast ons huis buitenplaats Duinbeek. Die statige huizen moesten worden beschermd tegen het stuifzand van de duinen. Het aangelegde eikenbos vormde de mantel tussen de duinen en de buitenplaatsen. Vandaar de naam, 'de Manteling van Walcheren'.

Hier wandelen in de bossen, duinen en op het strand is een genot, ook omdat ik in gezelschap ben van twee leuke vrouwen die ik eerder dit jaar heb ontmoet.

Noudje van Bussel en Doris van Vuuren begonnen tien jaar geleden in het Brabantse Mariahout met hun ouderenlandgoed Grootenhout voor mensen met dementie.

Een uitgewerkt plan hadden ze niet. Het begon allemaal met tante Adrie, die er vreselijk bijzat in een verpleeghuis. 'Ze hing slap als een verdorde plant,' vertelt Doris, 'en daarom namen we haar maar in huis. Dat zal niet gaan, zei de dokter nog. Maar daar hebben we ons maar niks van aangetrokken.'

Na tante Adrie volgde Loes, de moeder van Noudje. Ook zij raakte in de war en moest liefdevol worden opgevangen vonden de dames. Niet naar een verpleeghuis dus, want dat was kil en het eten was er vies. Moeder Loes heeft bij hen in huis nog vijf prachtige jaren gehad.

Nou ja, lang verhaal kort, in tien jaar tijd kwamen er nog veel meer ouderen met dementie bij. Het liep een beetje uit de hand in Mariahout. De boerderij met bijgebouwen herbergt inmiddels zestig ouderen, verzorgd door bijna honderd medewerkers.

'Zo bezien waren de VOC-kooplieden feitelijk de eerste toeristen in de bossen tussen Oostkapelle en Domburg.'

Noudje en Doris ontmoette ik voor het eerst voor een televisie-interview. Vanuit Mariahout arriveerde op een vrijdagavond in februari een bus in Amsterdam met aan boord medewerkers en vrijwilligers van ouderenlandgoed Grootenhout.

Noudje en Doris namen plaats aan de studiotafel. Er werd veel gelachen en tegelijkertijd met ernst gesproken over het belang van goede opvang voor demente ouderen. Hoe treurig het er soms aan toegaat in andere verpleeghuizen en welke manier ze hebben ontwikkeld om demente ouderen een goed leven te bieden. Het devies is: veel blijven lopen.

Ik was onder de indruk van alles wat ik hoorde. Hoe dit project is ontstaan, hoe populair het is en hoeveel mensen zich aanmelden om hier hun laatste levensdagen te mogen slijten.

Gemeenschapszin bestaat gelukkig dus nog.

Een week later wandel ik rond op het landgoed annex zorgboerderij vlak bij Eindhoven. In niets doet dit denken aan de verpleeghuizen die ik eerder heb gezien. Overal lopen dieren, in een manege wordt getraind met paarden. Honden, kippen en een stokoude kalkoen lopen vrij rond. Ik spreek met opgewekte medewerkers en zie de ouderen in een huiselijke sfeer. En zeker drie keer per dag wordt er gewandeld. Want dat is volgens Doris en Noudje het geheim.

'We laten mensen de hele dag bewegen,' vertelt Doris. 'Ze wandelen van gebouw naar gebouw. Het is zo belangrijk om niet te gaan hangen. Ja, zo noemen wij dat. Als mensen gaan hangen als een verdroogde plant, is het zo met ze gebeurd. Bewegen houdt ze fit. Wandelen is heel belangrijk, de mensen houden hun spierkracht en blijven dus fysiek veel beter in vorm. Als ze vallen kunnen ze zich beter opvangen en ook de cognitie blijft beter. Bij ons is bijna niemand bedlegerig. Ze lopen bijna allemaal tot het einde.'

Tijdens de rondleiding zie ik de bewoners over het terrein wandelen.

'Niemand wil opgesloten zitten, ook daarom gaan ze op pad. Dat is instinctief. Ze zijn op zoek naar iets van vroeger en dan lopen ze weg. We laten ze gaan, rijden er soms met de auto achteraan, en als ze moe zijn nemen we ze weer mee terug. Zo, nu ben je weer thuis, zeggen we dan. Werkt prima.'

Ze verzetten zich tegen het beleid van verzorgingshuizen waar ouderen soms worden opgesloten in hun kamer. Dat is ondenkbaar in Mariahout, zegt Doris.

'En zeker drie keer per dag wordt er gewandeld. Want dat is volgens Doris en Noudje het geheim.'

'Dat opsluiten gebeurt in heel veel verpleeghuizen, dat is zo treurig. Het mag nu niet meer met de nieuwe Wet zorg en dwang. Natuurlijk loop je het gevaar dat er iemand op pad gaat en verdwaalt. Maar dat is dan maar zo. Je kunt niet zonder risico's werken. Wij zijn nu een voorbeeld geworden voor veel zorginstellingen en dat komt ook door jouw televisie-uitzending. Daarna liep het storm met reacties uit het hele land. Ze kwamen allemaal kijken, verpleeghuisdirecteuren, verplegend personeel. En kinderen belden of ze hun ouders bij ons konden plaatsen. Zelfs de inspectie Gezondheidszorg kwam langs. Die waren ook tevreden. Wij willen zo veel mogelijk geluksmomenten aanbieden in een huiselijke omgeving. We zijn er voor de mensen, en niet andersom. De deuren kochten ze een huisje op het strand van Dishoek.

Noudje ging als kind met haar ouders altijd op vakantie naar Dishoek,

Noudje van Bussel en Doris van Vuuren

moeten open en mensen moeten wandelen! Dat is ons motto.'

Samen hebben ze besloten hun verzorgingshuis weer uit te breiden. Het is moeilijk, vertelt Doris, om mensen te weigeren.

Doris en Noudje komen al hun hele leven in Zeeland. Vlak bij Domburg en Doris in haar jeugd naar Westende in België.

'Ik ben een druk iemand, maar aan de zee kom ik helemaal bij. Je zorgen spoelen hier weg. Ik word helemaal zen van de zee.'

We wandelen met zijn drieën over de kaarsrechte statige lanen afgekeken van het Franse Versailles. Bij de goudvissenvijver staan stokoude moerascipressen meegenomen door de zeelieden van de VOC uit de Amerikaanse staat Louisiana. Alles is hier eeuwen geleden aangeplant, zoals de oranje besjes van de Italiaanse aronskelk, tulpen, hyacinten en krokussen. Ooit wandelden hier ook de schilders Jan Toorop en Piet Mondriaan. Die laatste maakte een schilderij van de grote taxus op het landgoed Berckenbosch.

'Je zorgen spoelen hier weg. Ik word helemaal zen van de zee.'

Er wordt veel gelachen tijdens onze wandeling. Doris en Noudje zijn ras optimisten. We praten over hun eerste ontmoeting toen de vlam in de pan sloeg. Niet zo fijn voor hun toenmalige partners, maar er was geen houden aan. Ze waren stapelverliefd, maar niet dat ik moet denken dat ze in alles hetzelfde zijn. Verre van.

Noudje houdt van wandelen, Doris niet per se. Het gaat haar allemaal iets te langzaam. Ze fietst liever, maar dat vindt Noudje dan weer niks. Dat gaat haar te snel.

In een eerder leven was Noudje getrouwd met een man. Samen kregen ze twee kinderen.

'Ik was dierenarts in een klein dorp, was nog getrouwd en had nog nooit een minnares gehad. We leerden elkaar kennen door de paarden. Het was meteen raak. Ik heb geen last gehad van kritiek in mijn omgeving, maar Doris werd in haar dorp overladen met ellende. Ze was een huwelijksbreker.'

Doris gaf Noudje paardrijles toen de vonk oversloeg. 'Noudje schaakte mij gewoon. Ik was hartstikke gek op haar.'

Noudje: 'Ik was ook superverliefd op haar. Het hek was van de dam. Ik was getrouwd met een heel aardige man en die héb ik toch pijn gedaan. Maar ik voelde me zo prettig bij haar, en dat is nu na 25 jaar nog steeds zo. Zonder irritatie. Nou ja, Doris vindt dat ik te veel lees, dan hoor ik helemaal niks meer.'

Doris, keihard lachend: 'Dan spring ik af en toe op haar.'

Ze hebben moeten vechten tegen de kritiek uit hun omgeving, maar dat is nu voorbij. Langzaam is het taboe op de vrouwenliefde verdwenen, zegt Noudje.

'Doris is de liefde van mijn leven en andersom is dat ook zo. Het komt nu veel vaker voor dat vrouwen op late leeftijd veranderen van seksuele geaardheid. Vrouwen denken meer als vrouwen, dus dat past makkelijker bij elkaar. Maar als Doris er niet meer zou zijn, zou ik zo weer een man nemen.'

Doris: 'O?'

We lopen richting strand. Hier staan de karakteristieke eikenbosjes, kortgeschoren door de westenwind. Bonsaiboompjes die een diepe buiging maken naar het oosten. Noudje vertelt over de film *The Way* die haar heeft geraakt, met in de hoofdrol acteur Martin Sheen. De film vertelt het verhaal van een Amerikaanse vader wiens zoon overlijdt tijdens de camino, de pelgrimstocht naar Santiago de Compostella. De vader reist naar Frankrijk voor de identificatie van zijn zoon en besluit zelf de pelgrimsroute te wandelen.

De dochter van Noudje ging ook op pad naar Santiago de Compostella. In een camper volgde Noudje het laatste deel van de route.

'Ik zou die tocht ook heel graag willen wandelen. Het is zo indrukwekkend, vooral vanwege de mensen en het contact dat je onderweg hebt. Eigenlijk zou je willen dat de hele wereld bestond uit wandelaars zoals je die onderweg tijdens de camino tegenkomt. Ze zijn hartelijk, saamhorig en lief voor elkaar. Gewone mensen die zoeken naar verbinding en verbroedering. Ik zou het heel leuk vinden de camino een keer met zijn tweeën te lopen.'

Doris is het met haar eens, hoewel, de eenzaamheid heeft ook voordelen. 'Ik wil ook samen met jou op pad, maar eigenlijk moet je in je eentje wandelen. Dan heb je meer contact met de mensen op de route en met jezelf.'

'Hier staan de karakteristieke eikenbosjes, kortgeschoren door de westenwind. Bonsaiboompjes die een diepe buiging maken naar het oosten.'

Vanaf de duintop zien we Domburg liggen. We gaan het strand op, richting een van de oudste badplaatsen van het land. Het is er prettig druk. Vliegeraars, badgasten, kitesurfers. Dit strand is al eeuwenlang in trek, ook op deze zonnige vrijdag in augustus.

'Ik geniet echt van de natuur en van het wandelen,' zegt Noudje. 'Als kind was ik al een vogelspotter. Ik ben wel zorgelijk als het om de natuur gaat. We hebben nu al twee enorme droge zomers gehad. In Brabant is het grondwaterpeil ontzettend laag. Het is jammer dat mensen weinig moeite doen en er de noodzaak niet van inzien. Er moet iets veranderen. Wij willen ook eigenlijk niet meer vliegen. De arrogantie waarmee mensen beweren dat het hun toekomt om vijf keer per jaar met het vliegtuig op vakantie te gaan, vind ik stuitend. Dat heeft niets meer met welvaart te maken. We maken elkaar kapot. Daar lig ik 's nachts van wakker, ook al schiet je er niets mee op.'

Rondom de zorgboerderij gaan ze samen een groot wandelpark aanleggen voor de bewoners. Hun paarden kunnen er los rondlopen. Ze willen de natuur terugbrengen in de vorm van een voedselbos waar mensen prettig kunnen wandelen.

'We maken ons eigen paradijs,' zegt Noudje. 'Ik word dit jaar 62 en Doris is 59. Natuurlijk denken we ook na over onze eigen toekomst. Voor onszelf hebben we wel iets geregeld als het zover is. Dan is er maar één plek waar we willen zijn: wij blijven voor altijd wonen op de zorgboerderij in Mariahout.'

wandelroute

Startpunt:
kasteel Westhove
Duinvlietweg 8
4356 ND Oostkapelle

Afstand: 10 kilometer
Duur: 2 uur

- Staande met je rug naar het kasteel rechtsaf en loop de Lindenlaan in.
- Volg de laan tot aan het witte hek van Berkenbosch. Passeer het hek, dan kom je in de eikenlaan en die volg je tot een bankje aan je rechterhand.
- Daar ga je linksaf het bos in tot aan een vijver, de zogenoemde Goudviskom. Bij de Goudviskom rechtsaf naar het vrijerspad tot je op een T-splitsing aan de Taxus van Mondriaan komt.
- Daar ga je rechtsaf en daarna weer linksaf. Je volgt het pad waarbij je om Berkenbosch heenloopt.

- Dan rechtdoor, steek het fietspad over en loop dan omhoog de duinen in.
- Ga daarna linksaf en neem het pad onderlangs de duinen, waarbij je onder meer een grote bunker aan je linkerhand passeert.
- Volg het pad ongeveer 2 km en dan krijg je aan je rechterhand een strandovergang.
- Ga die af tot op het strand en ga dan linksaf naar Domburg.

Pleisterplaats:
Strandcafé Bij Karel
Strand Oostkapelle 20
4356 XZ Oostkapelle

Zeecafé
Strand Oostkapelle 80
4356 XZ Oostkapelle

DUIVELSBER

De Duivelsberg

Het wandelwalhalla van Nederland

Soms bezorgd, maar tegelijkertijd de beste ambassadeurs van hun natuurgebied. Zo zien boswachters zichzelf.

Op de Duivelsberg, vlak bij Nijmegen, maak ik in juni een wandeling met boswachter Thijmen van Heerde. Het loopt tegen de dertig graden, maar onder de eeuwenoude beukenbomen op de berg is het heerlijk koel.

Tot 1949 was de Duivelsberg nog *der Teufelsberg*, Duits grondgebied. Maar na de Tweede Wereldoorlog legde Nederland er een claim op – en met succes. Een natuurgebied met 125 hectare slechts een postzegel, maar enorm divers en wonderschoon. Ooit lag hier, tijdens de laatste ijstijd 180.000 jaar geleden, een 300 meter dikke ijslaag. De Romeinen herkenden meteen de rijkdom van het gebied. De klei en het leem op de Duivelsberg waren geschikt voor de productie van dakpannen. Er zijn nog steeds sporen zichtbaar van een Romeinse pannenfabriek.

Onderweg in het bos ritselt het van de rosse woelmuizen, die zich suf eten aan beukennootjes.

De woelmuizen zijn op hun beurt weer een prima prooi voor uilen, wezels en vossen.

‘Een natuurgebied met 125 hectare slechts een postzegel, maar enorm divers en wonderschoon.’

‘De Duivelsberg,’ vertelt Thijmen, ‘is ook een spechtenparadijs. Alle vijf soorten die Nederland rijk is komen hier voor. De grote zwarte specht, de groene specht, de kleine, de middelste en de grote bonte specht.

Dode bomen worden hier niet gerooid, en juist dáár vinden de spechten larven en insecten. Dit is een van de weinige gebieden waar Staatsbosbeheer nauwelijks bomen kapt. Daar houden de lokale boswachters niet van. 'Jongens, van de Duivelsberg blijf je af,' zeggen we tegen onze bazen. 'Dit is zo'n mooi gebied, laat het lekker liggen zoals het is.'

Op het moment dat je hier met grote machines op de hellingen gaat rondrijden, krijg je bodemerosie. Dat tast het DNA van het gebied aan. De Duivelsberg is ongeschikt voor houtproductie.'

Het hoogste punt op de berg is met 76 meter burchtheuvel de Motte, vlak bij het populaire pannenkoekenhuis De Duivelsberg. Ieder jaar wandelen hier 350.000 bezoekers en daarmee is de Duivelsberg een van de drukst bezochte natuurgebieden van Nederland. Dit is het epicentrum van de wandelsport, hier wordt in de maanden voor de start massaal geoefend voor de Nijmeegse Vierdaagse.

'Op de Duivelsberg ben je nooit alleen, het is er altijd druk,' zegt boswachter Thijmen. 'We laten hier de natuur haar gang gaan. Er zijn veel wandelpaden die we vrijhouden van dood hout, maar verder blijft al het hout liggen en proberen we zo min mogelijk in te grijpen. Tijdens de laatste ijstijd is de stuwwal rondom Nijmegen ontstaan. Dat maakt dit gebied zo indrukwekkend en daarom moet je hier klimmen.'

Thijmen van Heerde

We lopen door een enorm beukenbos dat uiteindelijk plaatsmaakt voor de weidevelden langs de grens met Duitsland. Vandaaruit gaat het naar het pannenkoekenhuis en even verderop naar het uitkijkpunt, met een prachtig vergezicht tot aan Arnhem, Montferland en Elten. Een uniek landschap, volgens Thijmen.

'De akkers zijn stokoud en stammen nog van voor de Romeinen. De eiken en tamme kastanjes hebben ze meegenomen uit Italië. De Romeinen hebben op de Duivelsberg klei opgegraven voor de productie van dakpannen en in de Tweede Wereldoorlog was hier een enorme veldslag tussen de Duitsers en de Amerikanen. Er liggen nog steeds loopgraven en schuttersputjes, en in sommige beukenbomen zie je nog de ingekerfde Canadese vlag en de namen van soldaten die ons land hebben bevrijd.'

Onderweg passeren we fanatieke wandelaars die delen van het Pieterpad lopen. De Pieterpadwandelaars trekken een bagagekarretje achter zich aan. Ze zijn totaal uitgeput en nauwelijks aanspreekbaar.

Ons tempo ligt juist laag. Er valt veel te zien onderweg. Thijmen wijst het nest van een winterkoninkje aan en een van de vele dassenburchten. Even verderop ligt het gebouw van de stichting Das en Boom van natuurbeschermer Jaap Dirkmaat. Zijn organisatie heeft de das in Nederland voor uitsterven behoed.

Het is al later in de middag maar nog steeds is het druk op de Duivelsberg. Het heeft vast ook te maken met de N70, een van de populairste wandelroutes van Nederland. Ook daar maakt de Duivelsberg onderdeel van uit. Volgens sommigen is de N70, 16 kilometer lang, de mooiste route van het land. Het walhalla voor wandelaars.

'Soms is het er te druk,' vindt Thijmen. 'In de herfst bijvoorbeeld. Dan wordt er gezocht naar tamme kastanjes, beukennootjes en eikeltjes. Het is er letterlijk bezaaid met mensen. Dan houd ik mijn hart wel eens vast en hoop ik dat niet alles plat wordt gelopen.'

Maar vandaag is het de warmste junidag van het jaar, en zijn de wegen naar het strand verstopt, terwijl wij dankbaar profiteren van de schaduw die de bomen ons bieden.

Thijmen werkt hier nu vier jaar. Ook al is het een van de kleinste natuurgebieden, hij raakt er niet op uitgekeken.

'Ik wilde als klein jochie al boswachter worden. Mijn opa heeft de liefde voor de natuur in me wakker geschud. Toen ik acht jaar was nam hij me al mee om te vissen en nu werk ik in het gebied met mijn favoriete wandelroute. De N70 is met zijn steile stuwwal voor de gevorderde loper echt fantastisch. De liefde voor die route deel ik trouwens met heel veel mensen, want Nijmegenaren hebben een groot, groen hart.'

Vanaf het hoogste punt op de Duivelsberg zie ik in de verte de Millingerwaard in de Ooijpolder bij de Waal.

'Dat gebied mag je zeker niet missen,' zegt Thijmen lachend. 'Er zitten daar bevers en het landschap is er bijna net zo mooi als hier op de Duivelsberg.'

De Millingerwaard wordt mijn volgende stop.

wandelroute de Duivelsberg

Startpunt:
op het Piet van Rossumpad
recht tegenover
Rijksstraatweg 377
6573 CZ Beek

Afstand: 6 kilometer
Duur: 1,5 uur

- Loop op het pad omhoog, net voor de boerderij rechts (het oude woonhuis van boswachter Van Rossum) en neem bospad linksaf.
- Ga linksaf bij bord Duivelsberg, over de brug van de Filosofenbeek.
- Volg de groene route N70/Pieterpad (rood-witte strepen).
- Ga linksaf bij toegangsweg Duivelsberg.
- Rechtsaf bij het bord 'Rijk van Nijmegen' van Staatsbosbeheer.
- Linksaf, vlak voor de Klevensebaan bospad op.
- (Rechts ligt de poel Heksendans.)
- Loop langs het veld, rechts is de Duitse grens.
- Ga linksaf, terug op de N70.
- (Links ligt het pannenkoekenhuis.)
- Beklim de Motte, maar loop voor het beste uitzicht rechtsaf naar de kleine Motte.

- Loop vanaf de kleine Motte het pad rechtsaf naar beneden naar de N70.
- Volg de brug over de Filosofenbeek en je bent weer terug bij startpunt op het Piet van Rossumpad.

Pleisterplaats:
pannenkoekenhuis
De Duivelsberg
Duivelsberg 1
6572 BE Berg en Dal

Voor de geoefende loper: neem de route
N70 en volg de groene paaltjes van deze prachtige wandeling van 16 km. Ook mooi is de Walk of Wisdom, een pelgrimsroute van 136 km rondom Nijmegen.

MILLINGERWAARD

DE MILLINGERWAARD

Het troostrijke wandeltempo

In de boekenkast bij mijn ouders thuis stonden de onweerstaanbare Verkade-plaatjesalbums van Jac. P. Thijsse, natuurbeschermer en onderwijzer uit Maastricht. Eindeloos bladerde ik door *Lente*, *Zomer*, *Herfst* en *Winter*, de vier boeken waarmee het succes van Thijsse begon. We hadden de complete serie, geen enkel plaatje ontbrak. Door zijn boeken leerde ik bloemen en dieren beter benoemen.

Later las ik de natuurstukjes van Koos van Zomeren in NRC *Handelsblad*. Na een *Van Zomeren* wilde ik zelf ook meteen op pad. Eropuit, op zoek naar de sperwer en de ortolaan, een mus was ook goed. Precies zo vergaat het me nu met Caspar Janssen, wandelaar en natuurvorser pur sang. Caspar ken ik niet alleen van zijn mooie artikelen in *de Volkskrant* over zijn verleidelijke bloemenbalkon vol insecten, of van zijn wandeling door Nederland die anderhalf jaar in beslag nam. Ik volg zijn tocht in de krant en bedenk dat ik graag eens mee zou willen wandelen.

Lang geleden zaten we samen op de School voor de Journalistiek in Tilburg. Onbevangen nog, en geen idee waar het leven ons zou brengen. We verloren elkaar uit het oog, maar hielden elkaar toch in de gaten. Op televisie volgde hij mij en ik las zijn artikelen en zijn boek *Ontpopt*. Hij vertelt daarin hoe hij na zijn 35ste wakker wordt gekust en de natuur ontdekt. Een prachtig boek, maar met een onverwacht en heftig nawoord dat treft als een mokerslag. Caspar schrijft: ‘Dit boek gaat over een wereld die opengaat. Maar ergens onderweg stortte er ook een wereld in. Ons dochtertje Dolores overleed op

26 februari 2008, ze haalde net haar derde verjaardag. Tien maanden eerder was bij haar een hersentumor geconstateerd.'

Hij vertelt hoe hij na de dood van zijn dochtertje met zijn vriendin op reis gaat naar de eindeloze pampa's in Argentinië en opgaat in het grote niets. Caspar besluit na de dood van Dolores over de natuur te gaan schrijven.

'We verloren elkaar uit het oog, maar hielden elkaar toch in de gaten.'

'Natuur was onzijdig, onpersoonlijk, schrijven over de natuur hield de mensen buiten de deur.'

We hebben elkaar 35 jaar niet gezien als Caspar in mijn auto stapt in de Maasstraat in Amsterdam. Het is merkwaardig vertrouwd, alsof we gisteren nog met elkaar in de collegebanken zaten. Caspar kiest de bestemming: Nijmegen, daar liggen zijn wortels en ook zijn favoriete natuurgebied, de Millingerwaard bij de Waal.

Spijbelaars voelen we ons, als we tegen de file in rijden. Forensen staan vast op de A2 op weg naar een anoniem kantoor in het stadscentrum, wij rijden ongehinderd naar het zuiden op weg naar een fraaie wandeltocht.

Omdat hij is opgegroeid in Bemmel aan de Waal kan Caspar goed zien hoe de vervuilde rivier langzaam herstelt door strenge milieumaatregelen. Je kunt nu weer zwemmen in de Bisonbaai in de Ooijpolder. En er gebeurt een klein wonder. In de aanpalende Millingerwaard krijgen de weilanden in de uiterwaarden langs de rivier een natuurbestemming. Een vergeten landschap, waar boeren nauwelijks een inkomen bijeen konden sprokkelen, verandert in een weelderig natuurgebied, geliefd bij vogels, en bij stedelingen uit Nijmegen. Caspar leidt me door het land van zijn jeugd.

Eerste stop, het wandelcafé hotel-restaurant Oortjeshekken.

'Ik heb heel prettige herinneringen aan de stad. In Nijmegen ging er een wereld voor mij open. De Millingerwaard, vlak bij de stad, was een achtergebleven gebied, waar de mensen arm waren. Er werd wat geboerd, veel meer gebeurde er eigenlijk niet. Mijn vader ging in de jaren zeventig nog wel eens vissen in de Waal, maar hij hield er op een gegeven moment mee op. Het was een gore, smerige toestand in die rivier. Pas later werd dit gebied ontwikkeld. Een ruig natuurgebied was de bedoeling, en dat is heel

Caspar Janssen

goed gelukt. In alle opzichten is het er vanaf die tijd alleen maar op vooruitgegaan. De rivier werd schoner, er kwam meer ruimte voor de natuur, veel wilde planten kwamen terug en de economie in deze streek bloeide op.

Vroeger leefden de mensen met de rug naar de rivier maar nu hebben ze de Waal ontdekt, dat is leuk. En dan heb je hier ook nog het prachtige natuurgebied de Duivelsberg dat doorloopt in het rivierenlandschap. De bevers en de otters zijn ook weer terug.'

Gefascineerd door zijn lange wandeltocht voor *de Volkskrant*, kom ik terug op het spijbelen. Zo moet hij het toch ervaren hebben. Terwijl collega's zwoegden in een grijs kantoorgebouw, wandelde Caspar met de zon in het gezicht en de wind in de rug door Nederland. Omringd door het mooiste wat de natuur heeft te bieden, anderhalf jaar lang heerlijk slenteren. Een geniaal idee.

'De vraag is natuurlijk, waarom ga je wandelen en wil je in de natuur zijn? Ik heb altijd een haat-liefdeverhouding gehad met de journalistiek. Het tromgeroffel, het gedoe, de actualiteit. Ben ik wel geschikt voor dit vak? Eigenlijk niet dus. Ik houd van mooi schrijven, van meeslepende verhalen, niet per se van het nieuws.

De keerzijde is dat je wel moet laten zien dat je iets goed kunt. Ik heb een sterk ontwikkeld plichtsbesef en snel een schuldgevoel. Na zo'n wandeling in een mooi gebied moet ik wel een ongelooflijk goed stuk schrijven. Dat kost heel veel tijd, dus ik geniet er eigenlijk niet van.

Natuurlijk is het wandelproject ook één grote ontsnapping.

Dat heb ik altijd gehad, vluchtgedrag. Niet mee willen doen, maar ook niet ten onder gaan. Geen kluizenaar willen zijn die uit de maatschappij dondert. Ik wil niet met de grote stroom meegaan, maar ik wil me ook niet isoleren. Het wandelproject was een sprong in het diepe. Zo'n lange tocht door Nederland is ook eenzaam als je een gezin hebt. En misschien denken lezers: wat doet die vent daar, moet ik daarvoor betalen?'

Tweede stop, Kekerdom. Mooi dorp aan de Waal, soms met de voeten in het water. De laatste keer gebeurde dat in 1995, toen het water in de Laurentiuskerk veertig centimeter hoog stond. We parkeren bij de kerk en wandelen van Kekerdom naar de uiterwaarden van de Millingerwaard, richting de Waal.

Caspar met verrekijker en de app Plantnet op de telefoon.

'Ik herken best veel planten, maar negentig procent ken ik niet.' Passerende wandelaars vertellen ons dat er een zeearend in de buurt is gesignaleerd. 'Zou ik wel heel erg leuk vinden als we die in het vizier krijgen,' zegt Caspar turend door zijn verrekijker.

Zijn *Volkskrant*-collega's keken hem meewarig aan toen hij tien jaar geleden voor het thema natuur koos, maar inmiddels krijgt het onderwerp vrij baan in de krant.

'Natuur en wandelen werden lang als suf beschouwd, iets voor geitenwollensokkentypes. Mannen met baarden van boven de zestig. Ik wilde laten zien dat de natuur wel spannend was. Veel mensen doen die ontdekking pas op latere leeftijd. Sommigen hebben het van kinds af aan meegekregen, maar dat is een selecte groep. Natuur is saai, dat vond ik vroeger ook. Maar nu ben ik tot de ontdekking gekomen dat ik zélf vroeger beperkt en saai was. Ik leidde een oppervlakkig leven, liep het bos in om de kater eruit te lopen in de hoop dat er een horecatent in de buurt was om daar een beetje te ouwehoeren. Maar ik zag of hoorde niets. Al die tijd heb ik blind rondgelopen.'

Door Caspars verhaal realiseer ik me pas hoe druk ik vroeger al met de natuur bezig was. Mijn ouders namen me niet alleen mee de bossen in, ze vertelden ook wat er te zien en te horen was. Iedereen in mijn klas was lid van de jongerenclub Jeugd en Natuur. Met ladders trokken we het bos in om nestkastjes te controleren op broedende vogelsoorten. Anders dan bij Caspar was de natuur in mijn jeugd altijd al aanwezig.

'Ik moest met mijn ouders enkel het bos in om bramen te plukken, maar mijn broer en ik vonden er geen bal aan. Bramen plukken, dat was in mijn herinnering de enige vorm van natuurbeleving bij ons thuis. Pas rond mijn dertigste begon ik me meer te interesseren. Vrienden namen me mee naar de Biesbosch. Fantastisch, maar ik herkende niets. Op een gegeven moment kreeg ik genoeg van mijn onwetendheid. En toen ik mijn eerste gele kwikstaart herkende, dacht ik: hé, dat is toch leuk. Daarna heb ik er mijn werk van gemaakt.'

'En toen ik mijn eerste gele kwikstaart herkende, dacht ik: hé, dat is toch leuk. Daarna heb ik er mijn werk van gemaakt.'

Uit zijn boek *Ontpopt*: 'Na Dolores' dood moesten mijn vriendin en ik door. Of beter gezegd, we kozen ervoor om door te gaan. Opstaan, dingen doen, weer naar bed gaan. Wachten tot de pijn minder wordt. Hopen dat de pijn minder wordt. Ik ging hardlopen. Ik liep en ik liep, net Forrest Gump.'

Uiteindelijk gaat hij voor de krant op pad voor een lange tocht door Nederland.

'In mei 2017 wandelde ik Amsterdam uit voor mijn grote project voor *de Volkskrant*. Het was een druilerige dag en ik voelde me echt ongemakkelijk. Op de derde dag wandelde ik door de duinen van Castricum en plotseling klaarde het weer op. De zon brak door en ik ging tegen een boom zitten. Ergens hoorde ik een nachtegaal zingen en ik zag roodborsttapuiten. Het was het eerste moment waarop ik dacht: dit is geweldig!

Het zal ongetwijfeld te maken hebben gehad met de dood van Dolores. Onbewust heeft het waarschijnlijk wel een rol gespeeld bij de beslissing om door het land te gaan lopen.

Natuurlijk heeft haar dood er bij ons enorm ingehakt. We hebben een halfjaar in het ziekenhuis geleefd. Dolores overleed in 2008.'

Caspar was 45 en zijn vrouw Mariola veertig, toen Dolores overleed.

Plotseling waren ze weer met zijn tweeën. Ze besloten een reis te maken naar Argentinië en wandelden over de pampa's in *the middle of nowhere.*

'Natuurlijk heeft haar dood er bij ons enorm ingehakt.'

'Het was er sereen op die enorme vlakte met bergtoppen in de verte. Op dat moment hadden we allebei het idee: dit is precies wat we nodig hebben. Ruimte, weidsheid, grond onder de voeten, een enorme aardse leegte, overzicht. Er is niks, het is duidelijk. Dit is simpel. Opnieuw weer beginnen. Een leeg speelveld.

Door de dood van Dolores verloor ik mijn zorgeloosheid. Het lukt me niet meer om totaal onbekommerd door het leven te gaan. Maar direct na haar dood was er alleen maar grenzeloos verdriet. En je komt als vanzelf in de overlevingsstand, dat is blijkbaar iets instinctiefs. Ik ben gestopt met drinken, veel gaan sporten, puur om stabiliteit te vinden. Als je iedere dag een fles wijn drinkt met zo veel verdriet, ga je ten onder.

De natuur heeft me zeker geholpen. Niet lang na haar dood ben ik een week gaan lopen in Limburg met mijn vriend en *Volkskrant*-collega, Jean Pierre Geelen. Dat was eigenlijk heel erg grappig. We waren allebei die vogeltjes aan het ontdekken, maar we wisten er niet veel van. Het had iets hilarisch, ik had niet eens een goeie verrekijker. Maar ook hier weer die ruimte en de traagheid van het wandelen. Geen rinkelende telefoons en dagelijkse beslommeringen. Het wandeltempo is de menselijke maat, het is een tempo dat ruimte biedt om te denken en te verwerken. Het gaf troost en duidelijkheid. Het hielp. Evengoed liep ik soms wel te janken, daar op het Pieterpad.'

Derde stop, de Millinger Theetuin.

We lopen van Kekerdom door de Millingerwaard naar de rand van de Waal naar de theetuin. Een korte wandeling van twee kilometer. Het landschap is ruig en vol wilde planten. Het ziet er niet uit alsof alles is aangelegd. En weer valt het me op dat ik tijdens een wandeling de beste gesprekken voer. Het is de schone lucht, het trage tempo en, ook al klinkt het hoogdravend, de helende kracht van de natuur.

Caspar relativeert.

'Er zit een keerzijde aan wandelen. Het is nu heel populair en iedereen hemelt het op. Maar ik ben tijdens het wandelen ook wel eens bang geweest en dacht: ik wil dat eenzame geslenter niet meer terwijl er van alles in de wereld gebeurt. Ik wil weer onder de mensen zijn. Je gedachten kleuren maar je probeert het toch te rationaliseren.

Verdriet is eigenlijk een hele oppervlakkige emotie, zei schrijver P.F. Thomése ooit tegen me tijdens een interview over zijn boek *Schaduwkind*. Hij verloor zijn dochter Isa. "Wat kun je er verder over zeggen?" zei Thomése.'

'Als je rondloopt in de natuur zie je hoe relatief het leven en de dood zijn.'

soms inktzwart. In Overijssel liep ik een keer door een veengebied, aan de rand van het land. Het was er somber, grijs en grauw. Waarom loop ik hier? Wat is het grotere doel, ben ik helemaal gek geworden dat ik in de kracht van mijn leven me hier ga lopen afzonderen?

Je gaat van het ene naar het andere uiterste. Als je rondloopt in de natuur zie je hoe relatief het leven en de dood zijn. Het is overal aanwezig en volstrekt normaal. Dat er in een vogelnest maar een paar van de acht jongen overleven, dat soort gedachten gingen ook door mijn hoofd. Vroeger, toen er nog veel grote gezinnen waren, bleven twee van de tien kinderen niet leven. Biologisch gezien volstrekt normaal. Het maakt het verlies niet draagbaarder,

We komen aan bij de Millinger Theetuin. Prachtig aangelegd, een kleine mediterrane oase in de Millingerwaard. 'Een paradijs in de polder,' lees ik in de wervende folder.

'In een decor van dampende moerassen, woeste ooibossen en unieke rivierduinen, te midden van Konikpaarden en gemoedelijk grazende Galloway runderen slingeren oude karrensporen door het rivierenlandschap.'

Reclametaal, maar het klopt.

Caspar vertelt over de onmacht na de dood van Dolores.

'Dit was voor het eerst dat ik in mijn leven iets ergs meemaakte. Er waren geen grote drama's, ik had nog nooit iemand verloren. Mijn ouders leven nog. Ik keek altijd naar dit soort verhalen met empathie, maar ook met het idee dat dit alleen anderen zou treffen. Ik ben op een keiharde manier geconfronteerd met de kwetsbaarheid van het leven. Het is een cliché, maar het kan morgen afgelopen zijn. Beelden van kinderen in de oorlog in Syrië raken me enorm. Daarom ben ik ook over de natuur gaan schrijven, dan hoef ik tenminste geen dramatische, menselijke verhalen te publiceren. Of het grijpt me te veel aan, of ik denk juist: hou op met dat geneuzel over niets; je moest eens weten wat ik heb meegemaakt.'

En zo loopt hij door het land, ver weg van *de Volkskrant*-redactie in Amsterdam. Vanuit de hoofdstad naar de Noordzeekust, door Friesland, Groningen en Drenthe en dan naar het zuiden. Hij vertelt meeslepend over de natuur, maar zijn persoonlijke worsteling blijft onbeschreven.

'Er is ook woede en boosheid over wat ons is overkomen. Ik was soms heel uitgelaten. Veel feesten, maar tegelijkertijd zeer melancholiek en tobberig. Door de komst van Dolores sloeg dat om. Ik begon positiever naar het leven te kijken. Ik telde mijn zegeningen: ik heb een geweldig kind, een huis, leuk werk, een leuke vrouw. Het was fantastisch, het leven is toch mooi. En toen ging ze dus dood. En ook nog eens op een vreselijke manier, alsof het bedacht was om het ons zo moeilijk mogelijk te maken.'

Dolores had een zeldzame hersentumor, ze konden niet bestralen. Ze kreeg chemotherapie en werd twee keer geopereerd.

'Beide keren hadden we nog een sprankje hoop, maar uiteindelijk sloeg niets aan. Het werd een langzame tocht richting einde, een martelgang. Ik was boos. Mijn ouders waren katholiek, maar ik heb al vroeg afstand genomen van het geloof. Vaak heb ik gedacht: als God bestaat is het een enorme sadist. En nog steeds vind ik het een vervelende kerel of vrouw dat hij dit allemaal maar heeft laten gebeuren. Had mij dan gestraft, voor mijn levensstijl, of voor wat dan ook. Maar een kind van drie, net oud genoeg om alles heel bewust mee te maken, zó laten lijden... Extra bewijs voor mij dat God niet bestaat, en als hij wel bestaat heeft hij een raar en willekeurig beleid.

Na de dood van Dolores dacht ik aanvankelijk: ik wil nooit meer kinderen. Niet nog een keer die nachtmerrie. Ik was doodsbang. Toch hebben we een tweede dochter gekregen, Cleo. Er was ook geen rationele reden om bang te zijn dat het opnieuw mis zou gaan. Statistisch gezien is de kans dat een tweede kind iets soortgelijks krijgt eigenlijk nul. Het was niet erfelijk, niet genetisch. Het was van een onverklaarbare willekeur, een foute celdeling. We zijn nu heel blij dat Cleo er is. Het heeft ons geholpen. Of je wilt of niet, je kunt niet inzakken, we hebben weer een doel. Je moet ervoor zorgen dat ze veilig achttien wordt, en dan 28 en 38. Maar als ik een uur tegen een boom zit in de duinen van Castricum, kijkend naar een roodborsttapuit, is Dolores toch altijd op de een of andere manier aanwezig.

En natuurlijk besef ik ook: wie ben ik dat ik hier mag zitten? Welke Nederlander zit er nou op een berg, terwijl de nachtegaal zingt en de zon doorbreekt? Dan ben ik echt blij dat ik dit mag doen en is het toch wel heel fijn. Maar goed, dat soort momenten zijn zeldzaam. Heel soms heb ik de neiging heel vrolijk en uitgelaten te zijn, maar dan merk ik dat ik mezelf ga dempen. Ho, ho, dit mag eigenlijk niet. Ik mag niet meer te vrolijk zijn.'

We lopen terug naar Kekerdom. De zon weet vandaag niet van wijken, de zomer heeft er nog steeds zin in.

Wil Caspar diep in zijn hart niet terug naar het land van zijn jeugd, het paradijs in de polder, weg uit de drukte van Amsterdam? De verleiding is groot.

'Ik heb altijd gezegd: als ik later groot ben, ga ik terug naar Nijmegen. Mijn droomhuis ligt hier ergens in de buurt. Zo'n mooie oude boerderij met uitzicht op de rivier en de uiterwaarden. Maar nog beter zou een huis bij Ubbergen zijn, op de Duivelsberg met een uitzicht over de Waal. Dat lijkt me ideaal.'

'We lopen terug naar Kekerdom. De zon weet vandaag niet van wijken, de zomer heeft er nog steeds zin in.'

Twee maanden later ga ik naar Pakhuis De Zwijger in Amsterdam. Hier lanceert Caspar zijn nieuwe boek *Caspar loopt*. Het is een vrolijke avond met mensen die hij ontmoet heeft tijdens zijn lange tocht door het land. Hij ziet er ontspannen en vrolijk uit en vertelt gepassioneerd. Volgens mij heeft de marathonwandeling Caspar goed gedaan.

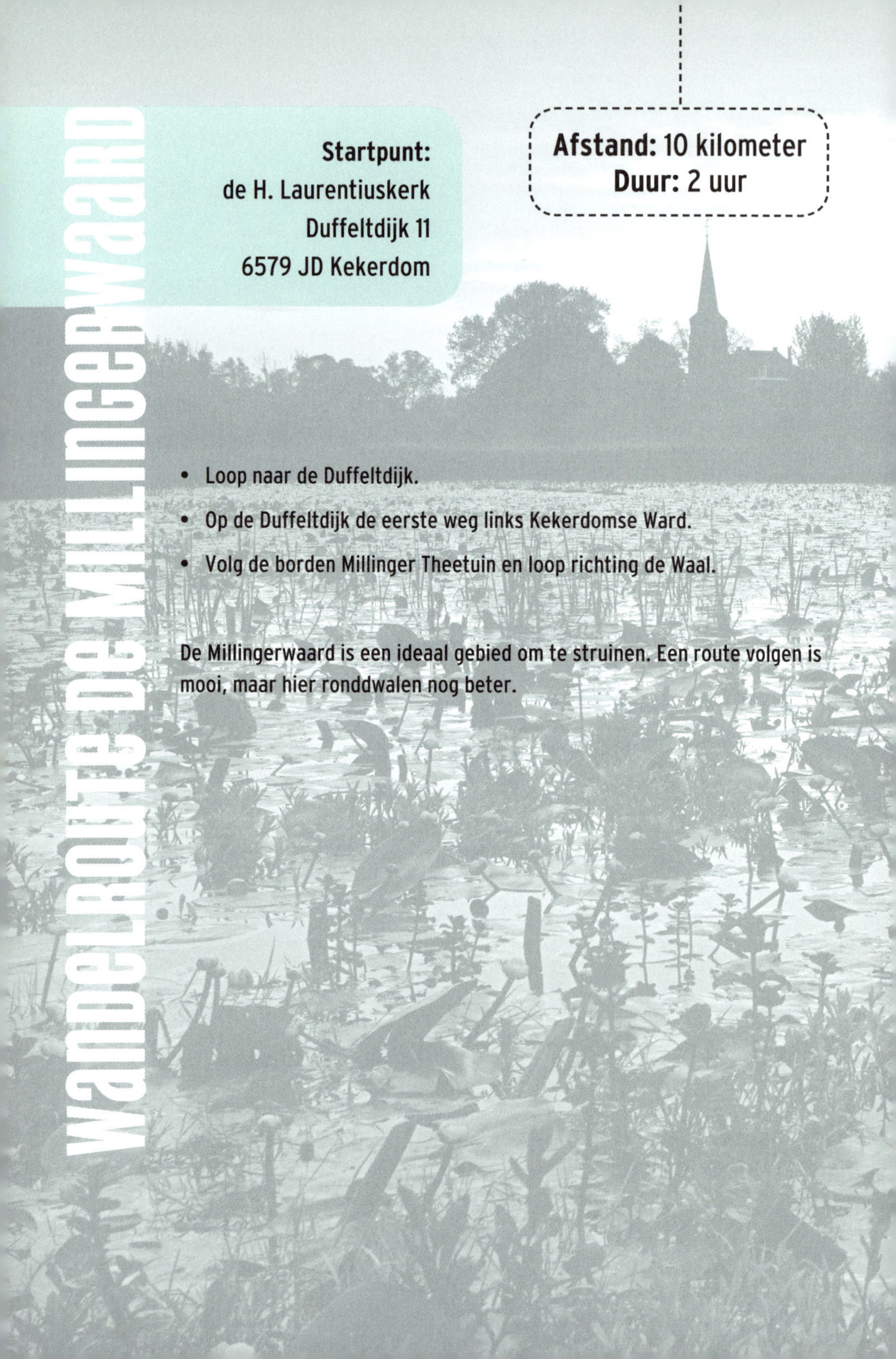

wandelroute De Millingerwaard

Startpunt:
de H. Laurentiuskerk
Duffeltdijk 11
6579 JD Kekerdom

Afstand: 10 kilometer
Duur: 2 uur

- Loop naar de Duffeltdijk.
- Op de Duffeltdijk de eerste weg links Kekerdomse Ward.
- Volg de borden Millinger Theetuin en loop richting de Waal.

De Millingerwaard is een ideaal gebied om te struinen. Een route volgen is mooi, maar hier ronddwalen nog beter.

Pleisterplaats:
De Millinger Theetuin
Klaverland 9
6566 JD Millingen aan de Rijn

Hotel-restaurant Oortjeshekken
Erlecomsedam 4
6576 JW Ooij

SCHOORLSE DUINEN

De Schoorlse Duinen

Wandelen als loopbaan

Het blijft geweldig, een huis aan zee. Ruisende golven, een zachte zeebries en de geur van naaldbomen. We slapen op loopafstand van het strand, midden in de Schoorlse Duinen. Boswachter Frans Erinkveld haalt mijn ouders, Jack en mij op bij ons logeeradres, boswachtershuis de Blauwe Reiger, voor een tocht door het gebied. Frans werkt al 45 jaar bij Staatsbosbeheer, waarvan 43 jaar in dit gebied. Een echte oldtimer dus. Tijdens mijn wandelingen door het land tref ik meer boswachters die al decennialang in dienst zijn bij Staatsbosbeheer of Natuurmonumenten. Mannen en vrouwen die gehecht zijn aan duinen en bossen, aan hun vrijheid, en zich zeker niet laten rondcommanderen door een narrige baas.

Wandelen als loopbaan. Een mooi leven. Ik vraag me wel eens af of ik er geschikt voor zou zijn. Waarschijnlijk niet, ik ben te onrustig voor dit bijna boeddhistische bestaan.

Wat me opvalt is het kalme karakter van de boswachters. Ze zijn zen, vergroeid met de natuur, ze laten zich niet gek maken. Steeds meer vrouwen melden zich als boswachter, hoewel de 490 mannen nog steeds ver in de meerderheid zijn tegenover de 82 vrouwen bij Staatsbosbeheer.

'Mannen die gehecht zijn aan duinen en bossen, aan hun vrijheid, en zich zeker niet laten rondcommanderen door een narrige baas.'

Maar dat verandert snel nu steeds meer oudere, mannelijke boswachters met pensioen gaan.

Frans Erinkveld

In de duinen van Schoorl heeft Frans Erinkveld nog een jaar voor de boeg voor zijn pensionering bij Staatsbosbeheer.

'Ook al werk ik al 43 jaar in de kop van Noord-Holland, het is er nooit saai, er zit zo veel variatie in dit werk.

Mijn vader was boswachter in de buurt van Nijmegen, het buitenleven zit ons in het bloed. Ik heb me in mijn jeugd nooit afgevraagd wat ik wilde worden, ik wist al vroeg dat ik ook in de natuur wilde werken.'

Het is januari 2019 als we met Frans rondlopen in de Schoorlse Duinen. Het is nat, koud en regenachtig weer. Langs de wandelpaden liggen enorme stapels gevelde bomen, wat leidde tot felle kritiek van wandelaars. Waarom wordt er zo veel hout gekapt in de bossen? Bewoners van Schoorl startten een burgerinitiatief en verzamelden meer dan 23.000 handtekeningen tegen de houtkap. Als we over de hei richting het strand lopen legt Frans uit dat Staatsbosbeheer delen van het bos wil kappen zodat het duingebied zich weer kan herstellen. Dat is goed voor de biodiversiteit, beschermde planten en dieren floreren in het duingebied. Maar veel mensen willen er niet aan.

'Niet alleen in de Schoorlse Duinen is er kritiek op de houtkap, overal in Nederland ontstaat protest, onder het motto "Handen af van onze natuur".'

Staatsbosbeheer zwichtte uiteindelijk toch voor de druk van het publiek. Delen van de bossen die gekapt zouden worden, blijven behouden. Niet alleen in de Schoorlse Duinen is er kritiek op de houtkap, overal in Nederland ontstaat protest, onder het motto 'Handen af van onze natuur'. Natuurmonumenten besluit voorlopig zelfs helemaal te stoppen met de houtkap.

De bron van het protest is het wantrouwen tegen natuurorganisaties en het besef dat het steeds slechter gaat met onze schaarse natuur. Langzaam dringt tot veel mensen door dat insecten en weidevogels in een noodtempo verdwijnen. Rapporten verschijnen waarin staat dat de biodiversiteit enorm achteruitgaat als we nu niet ingrijpen. En dus roept de cirkelzaag in een oude eik enorme weerstand op. Bomen zijn toch onmisbaar, ze zetten koolstofdioxide om in zuurstof. Waarom, vragen veel mensen zich af, moet er dan op grote schaal worden gekapt?

De emoties over de houtstapels langs de wandelpaden lopen hoog op. Net als bij de grote bosbranden op de Schoorlse Duinen, in 2009, toen 150 hectare bos werd verwoest. Een traumatische belevenis ook voor Frans Erinkveld.

'Een enorm gebied stond toen in de brand. Vanuit Alkmaar kon je de gloed zien, de huizen in Schoorl werden bedreigd. Een verzorgingstehuis lag letterlijk in de vuurlinie, het was verschrikkelijk. Brandende dennenappels ontploften in de lucht als brandbommen en verspreidden het vuur razendsnel. Het hele dorp leefde in angst. In 2010 waren er opnieuw bosbranden, maar de grootste brand was in 2011, die trok een enorme zwarte streep door de duinen. Het was droog weer en er stond een harde wind. Het was wel duidelijk dat de brand was aangestoken.

Een verdachte uit Alkmaar is in de

kraag gegrepen maar de rechter vond dat de bewijslast tekortschoot. Na zijn arrestatie stopten de branden bij Schoorl. Ik heb mensen gesproken die letterlijk hebben gezegd: "Als ik die pyromaan te pakken krijg, dan vermoord ik hem." De branden zijn het ergste wat ik hier heb meegemaakt.

'De branden zijn het ergste wat ik hier heb meegemaakt. De tranen liepen over mijn wangen.'

De tranen liepen over mijn wangen. Alles was kapot en verbrand, vogelnesten, hagedissen en prachtige, oude bomen.'

We wandelen over de duinen richting het Noordzeestrand. Het besef dat de natuur kwetsbaar is groeit bij iedereen. Juist een jonge generatie staat nu op en onderneemt actie. De Zweeds scholiere Greta Thunberg is in een jaar tijd uitgegroeid tot een symbool. Zij verzet zich tegen de oude garde politici die weigert in te grijpen en maatregelen te nemen tegen de klimaatopwarming. Ze krijgt tienduizenden mensen op de been, die luidruchtig hun stem laten horen.

Frans neemt me mee naar het strand aan de noordrand van de Schoorlse Duinen. In zijn ogen een unieke plek vanwege het uitzicht op zee, het vlakke polderlandschap en het nieuwe land, de Hondsbossche Duinen. 'Dit is een avontuurlijk en woest gebied. Als er wind in de lucht zit krijg je de natuur om je oren. Je proeft het zout, je voelt het zand en je ruikt de zee. Het liefst ga ik hier met grote groepen mensen wandelen. Je ziet dat ze na afloop zo veel energie hebben. Veel wandelaars lopen het liefst de vertrouwde route, maar mijn advies is altijd: neem een goede kaart mee van de Schoorlse Duinen en verlaat de gebaande paden.'

Na zijn pensioen blijft Frans wonen in zijn boswachtershuis in Petten vlak aan zee. Want ook al komt hij uit de buurt van Arnhem, hij kan niet meer leven zonder de Noordzee, en een dagelijkse strandwandeling. 'Na mijn pensioen ga ik me meteen aanmelden

'Je proeft het zout, je voelt het zand en je ruikt de zee.'

als vrijwilliger bij Staatsbosbeheer. Alleen de dood kan de band tussen mij en dit gebied verbreken. Toen ik

45 jaar in dienst was is er achter mijn huis in Petten een veldje naar mij vernoemd. Het is een van de mooiste veldjes in de Pettemerduinen, met een klein duinmeertje. Het Frans Erinkveld heet het. Daar wil ik later worden uitgestrooid, maar ik hoop dat het nog even duurt.'

Wandelroute Schoorlse duinen

Startpunt:
De Berenkuil
Schoorlsezeeweg 2
1871 PA Schoorl

Afstand: 12 kilometer
Duur: 2,5 uur

- Loop voor de Berenkuil (gezicht naar de Berenkuil) linksaf de Julianalaan op.
- Neem na ongeveer 200 m het voetpad links de Waterbosvlakte op (heideveld).
- Neem op de Waterbosvlakte het eerste pad rechts.
- Steek aan het einde van de Waterbosvlakte de Langeweg over en ga de Hoekweg op.
- Aan het einde van de Hoekweg rechtsaf (scherpe bocht) tot Julianalaan.
- Hier linksaf het voetpad langs de Julianalaan volgen tot aan de Blauwe Reiger (vakantiehuisje).
- Rechtsaf het Rozenlaantje in.
- Aan het einde van het Rozenlaantje linksaf de Wilhelminalaan op.
- Blijdensteinsweg (fietspad) oversteken, rechtdoor de Doodweg volgen.
- Aan het einde van de Doodweg rechtsaf 'witte pijlen route' volgen.
- Over het strand tot strandpaal 29 (= Schoorl aan Zee).
- Strand hier verlaten en rechts aanhouden 'blauwe pijlen route' volgen.

- Dr. van Steinweg (fietspad) oversteken.
- 'Blauwe pijlen route' verder volgen tot de Julianalaan (fietspad).
- Linksaf Julianalaan volgen tot de Berenkuil.

Pleisterplaats:
De Berenkuil
Schoorlsezeeweg 2
1871 PA Schoorl

Strandpaviljoen Struin
Heereweg 407
1871 GL Schoorl

Strandpaviljoen Hargen
Hargerstrandweg 1
1871 GZ Schoorl

Mariapeel

De Mariapeel

Het land van mijn jeugd

De Peel, dit is het land van mijn jeugd. Het voelt vertrouwd als we de brug nemen over het kanaal en de auto parkeren bij de Helenahoeve in het Brabantse Helenaveen. Achter het huis begint de Mariapeel. Hier overnacht ik met Cheryl, Jack en Dylan Rose, terwijl vijftien kilometer verderop mijn ouderlijk huis staat.

De avondzon strijkt over de hei en het is warm voor deze tijd van het jaar. De lente is nog maar één dag oud. Op het terras naast het huis is het al flink op temperatuur. Vrolijk fluiten de mezen, maar de beker voor de mooiste zang gaat naar de merels en de grasmussen. Rond de eerste paardenbloemen zoemen wespen en bijen.

Binnen in huis hebben zich op de slaapkamer honderden lieveheersbeestjes verschanst boven het bed. Als ik de ramen openzet blijven ze suf zitten, alsof ze nog maar net zijn ontwaakt uit een diepe winterslaap.

Hier vlakbij ben ik geboren, in de Dorperweiden nummer 63 in Sevenum, en een paar kilometer verderop opgegroeid in de Wittenhorststraat 13 in Horst. Een dorp omgeven door bossen, weidevelden en fruitboomgaarden, waar we op weg naar school appels pikten.

Aan de oostkant de Maas en in de tegenovergestelde windrichting de Peel. Een ideale plek voor een opwindende jeugd in de natuur. In de sloten en beken langs de weilanden ving ik met een schepnet stekelbaarsjes en kikkervisjes voor mijn vijver in de tuin.

Ik moet twaalf jaar oud zijn geweest toen ik hier vlakbij voor het eerst buitenshuis logeerde.

Samen met twee vriendjes sliep ik

in een hooiberg op de Antoniushoeve. Dat was niet zomaar een boerderij: we waren op de Zwarte Plak, een roemrucht gehucht in Noord-Limburg, waar boerenfamilies op grote schaal verzet pleegden tegen de Duitsers. Joodse onderduikers konden hier terecht en Britse en Amerikaanse piloten, die uit de lucht waren geschoten, werden met hulp van de bewoners van de Zwarte Plak het land uit gesmokkeld. Gevaarlijk werk. De bezetter lag altijd op de loer. Al jong las ik het oeuvre van streekromanschrijver Toon Kortooms en dus ook zijn beroemde boek *De zwarte plak*, een heldenepos dat zijn weerga niet kent. Later bleek dat het verhaal ruim was aangedikt en de feiten soms domweg niet klopten. Maar dat wisten we toen nog niet, die nacht in de hooiberg op de Zwarte Plak. Dit was heilige grond. We fantaseerden over Amerikaanse piloten die aan een parachute uit een rokende bommenwerper sprongen. En over Duitsers die hooivorken in de hooiberg staken op zoek naar joodse onderduikers. Zoeklichten, mitrailleurschoten, verzetsstrijders en piloten op de vlucht door de moerassen in de Peel. Want dat was het geheime wapen van het verzet. Alleen de boeren van de Zwarte Plak kenden de weg in de Peel. Wie hier 's nachts ronddwaalde zonder kennis van het gebied, zakte weg in het diepe moeras en verdween voorgoed. Nog steeds staan er borden in de Mariapeel die de wandelaar waarschuwen voor drijfzand.

'Alleen de boeren van de Zwarte Plak kenden de weg in de Peel.'

Al in de tijd van de Romeinen was het moeras verraderlijk, en soms leidde dat dan later weer tot een spectaculaire vondst. Gebbel Smolenaars uit het Brabantse Meijel stuitte in 1910 tijdens het turfsteken in de buurt van Helenaveen op iets hards. Jackpot! Gebbel blijkt de vondst van zijn leven te hebben aangeboord: een vergulde zilveren helm in prima conditie die rond het jaar 320 na Chr. in de Peel terecht moet zijn gekomen. De Romeinse soldatenhelm, nu te zien in het Rijksmuseum van Oudheden in Leiden, is de belangrijkste archeologische vondst van de Peel. De gouden helm noemen ze hem hier.

Nu is het kurkdroog in de Peel, net als in de rest van het land. Opnieuw blijft de regen uit, iets wat hier nog meer opvalt. Het grondwaterpeil langs de wandelpaden is gezakt, het moeras vervormd tot gebarsten klei. Toch foerageren en broeden hier kraanvogels en ooievaars. Het zal de rust van het gebied zijn dat ze aantrekt. Het is immers doodstil op de wandelpaden, we komen praktisch niemand tegen.

Op weg van Amsterdam naar de Peel luister ik in de auto eindeloos naar mijn *hometown*-band Rowwen Hèze. Succesvol sinds de jaren tachtig, ook ver buiten de provinciegrenzen. 'Bestel maar' en 'Kwestie van geduld' worden overal in het land meegezongen.

> 't Is een kwestie van geduld
> rustig wachten op de dag
> dat heel Holland Limburgs lult.

Niemand vertelt mooier over de Peel dan Rowwen Hèze-voorman, Jack Poels. Een aimabel troubadour, die in mooie teksten het Limburgse leven bezingt.

In 'De Peel in brand' dicht hij over de schoonheid van het gebied. Het nummer 'De Zwarte Plak' vertelt het verhaal van zijn vader, opa en ooms die actief waren in het verzet.

Jack is geboren in America, een kerkdorp van Horst vlak tegen de Peel. Het is hem nooit gelukt zijn geboortegrond te verlaten. Hij wíl hier ook helemaal niet weg, hij is voor altijd verankerd in America.

Jack Poels

'Ik ben geboren op de Griendtsveenseweg 80 in America,' vertelt Jack. 'Mijn hele leven speelt zich hier af. Hier woonde de opa van mijn moeder. Hij werkte voor de Nederlandse Spoorwegen en zijn huisje lag aan de spoorlijn. Mijn vader had multiple sclerose, die ziekte werd steeds erger. Toen hebben de broers van mijn vader een gelijkvloerse bungalow geregeld aan de Zwarte Plakweg. Mijn vader kon tot het einde van zijn leven nog rondrijden met zijn invalidewagentje, kijkend naar de herten in de wei.

De Peel is het gebied waar ik in mijn jeugd rondstruinde. Ik kwam er heel graag. De Helenahoeve, waar jij nu logeert, ken ik omdat ik er vroeger altijd langskwam tijdens wandel- en fietstochten met mijn vriendjes.

Er is zo'n prachtige route naar Helenaveen. We gingen eerst naar herberg De Morgenstond in Griendtsveen, dronken jenever, werden zat en gingen dan wandelen door de Peel. We waren natuurlijk veel te jong voor alcohol. Later, als ik ergens mee zat en de natuur in wilde trekken, ging ik aan het einde van de Zwarte Plakweg de Peel in. Je kon binnendoor naar Helenaveen lopen of naar Griendtsveen. Een fikse wandeling.'

Ik zie het voor me: Jack Poels, veertien jaar oud, licht beneveld door de jenever, ronddwalend door de Peel. God weet hoeveel van zijn nummers hier wortel hebben geschoten, tussen de paarse hei, de vennen en de berkenbomen.

'Eigenlijk ben ik helemaal geen wandelaar. Hoewel, ik kom net terug van een mooie vakantie in Japan en daar hebben we iedere dag wel tien tot veertien kilometer gelopen. Het leek wel een bootcamp. Ik houd het wel vol, maar ik moet een doel hebben. We hebben twee honden, Ierse setters, en met hen ga ik vaak op pad. Voordat de honden er waren wandelde ik om mijn kop een beetje leeg te maken in m'n eentje te zwelgen in de natuur.

De veenkanalen zijn prachtig. Met mijn eerste Minolta maakte ik veel foto's van de weerspiegeling in het water en de zwanen die daar zitten. Als er foto's bij een interview moeten worden gemaakt, kom ik ook altijd weer uit bij Helenaveen of Griendtsveen. Het is een spannend en mooi gebied. Vroeger vloog het ook nog wel eens in de brand. De turf bleef ondergronds doorsmeulen en plotseling kwamen de vlammen dan weer naar boven. Ik zie mijn oom Toon, de broer van mijn vader, nog met jute zakken het vuur doven.'

'Eigenlijk ben ik helemaal geen wandelaar.'

Jack schreef een mooi liedje over die jeugdherinnering. Net voor het naar bed gaan ziet een jongetje, het haar nog nat, uit zijn slaapkamerraam een vuurrode hemel. Mist hangt over het land, de Peel in brand.

> en 's oaves laat de hoar nog naat
> nog efkes en nar bed
> de raam wiet oap en giene sloap
> en d'n hemel was vuurroej
> mist hing op 't land
> 's oaves laat da stong de peel in brand

'De Peel is mooi, maar ook unheimlich. Dat maakt het gebied zo spannend.'

Ook al woont hij prima in America, Jack heeft vaak gefantaseerd over het huis waar ik nu logeer. Het is zijn droomwoning.

'De Helenahoeve ligt daar zo mooi met dat bruggetje over het kanaal. Te pittoresk voor woorden. Ik heb wel eens overwogen er te gaan logeren, maar als uitstapje ligt het toch te dicht bij huis. Maar áls ik ooit nog eens uit America weg zou willen, dan ga ik in dat huis boven op zolder een boek schrijven. Als een jager in een hoogzit, starend vanuit het raam over de Peel. Dat beeld heb ik er altijd bij gehad. Komt trouwens ook door mijn moeder. Zij beweerde dat tekstschrijver en zanger Jules de Corte tegenover de Helenahoeve woonde. Voor mij was het destijds dus plus, plus. Een mooi huis én ertegenover woont een beroemd liedjesschrijver. Daar bleek later niets van te kloppen. Hij woonde wel in Helenaveen, maar niet op die plek.

De Helenahoeve staat hoe dan ook op mijn netvlies geëtst. Ik kwam er vroeger op de fiets, daarna op de brommer en als we een nieuwe cd klaar hebben, dan rij ik altijd even die route. Via Helenaveen naar huis en in de auto nog even rustig naar mijn nieuwe plaat luisteren.

Ik liep eens met een journalist door de Peel en hij zei: "Het is potdomme net Amerika hier. Het lijken wel de *swamps*, het moeras met die boomwortels die overal boven uitsteken.

Dat zie je ook in Florida en Louisiana."'

Jack is opgegroeid in de Peel. Zijn grootouders en ooms waren volop betrokken bij het verzetswerk. Vlak bij hun boerderij waren schuilplaatsen verstopt onder paardenstallen, er waren schietbanen en wapendepots. Op de Antoniushoeve, de boerderij waar ik een nacht doorbracht in de hooiberg, woonde melkboer Jacobus Poels, de opa van Jack. Jacobus hielp onderduikers en neergestorte geallieerde piloten. Verzetsdaden waar de doodstraf op stond. Na de oorlog trok de oom van Jack, Bert Poels, volle zalen met zijn dialezingen over de oorlog. De volksschrijver Toon Kortooms baseerde zijn boek *De zwarte plak* op de verhalen van Bert. Een boek dat al snel verguisd werd door oud-verzetsstrijders vanwege de vele onjuistheden en snoeverij van Bert Poels.

'De familie Poels,' zegt Jack, 'wordt in deze regio geroemd om haar heldendaden. Hoewel Martin Rongen, de drummer van Rowwen Hèze, vaak grappend over mij zegt: "Heldhaftigheid slaat altijd een generatie over." Maar mijn tantes werden jaren na de oorlog nog wakker met nachtmerries. Toch bang dat het mis zou gaan met de onderduikers. Er was constant spanning in huis. Maar erover praten deden ze niet. Ik herinner me mijn ooms alleen maar goedgemutst en altijd lachend.

Mijn opa is aan het einde van de oorlog gestorven aan een hartaanval. Hij had te veel meegemaakt. De Duitsers gingen naar hem op zoek en ook naar mijn vader. Ze moesten zich verstoppen. Mijn opa heeft veel geleden, hij had enorme stress. Uiteindelijk zat hij verstopt in het korenveld en kreeg een hartstilstand. Mijn vader overleed op 44-jarige leeftijd, ik was pas dertien. Hij had al multiple sclerose en toen kwam daar de Hongkonggriep nog bij. Totaal verzwakt overleed hij in 1970.

Mijn liedje "De Zwarte Plak" gaat over de oorlogsherinneringen van mijn vader. Hij was pas tien toen de oorlog uitbrak en hij kreeg plotseling te maken met verraad, met goed en fout. Nog maar een jongetje en geen idee wat oorlog betekende. Aan het slot zing ik over spijt en schuld. En wie er het beste vanaf komt, diegene met een hart of iemand die niets voelt.

Iedereen komt anders uit de oorlog. Sommigen waren helden, anderen werden er stapelgek van. In dat liedje zit alles wat ik over de oorlog heb gehoord. Er is wel eens gezegd dat War Child het als een clublied zou kunnen gebruiken, maar goed, het is een dialectnummer, dus dat wordt lastig.'

Nu de zon schijnt en het jonge loof in de bomen zich aarzelend presenteert, ziet de Peel er schitterend uit. De paarse hei in augustus, de zacht ruisende berkenbomen, allemaal tot uw dienst. Maar dat beeld kan zomaar veranderen, zegt Jack Poels.

'De Peel heeft toch ook een soort tristesse. Het landschap in Japan is prachtig, er is met veel liefde en smaak over nagedacht. In Ierland gaan we eens in de twee jaar vissen en ik kan prima uitleggen waarom ik het daar zo mooi vind. Maar met de Peel is dat lastiger. Het heeft met die tegenstelling te maken: bij een mooie zonsondergang is het prachtig, maar er zit ook een gevaarlijke kant aan. Het is hier niet alleen maar mooi.'

'De Peel heeft toch ook een soort tristesse.'

Maar toch, vertrekken uit deze streek kan hij niet. Op een halfslachtige poging na, heeft Jack hier al 62 jaar doorgebracht.

'Waarom ik altijd maar hier wil blijven wonen? Dat is voor mij geen vraag. Ik ben vijf keer verhuisd binnen America en heb een keer drie maanden in Venlo gewoond. Een vriendin achterna, je kent het wel, maar het was geen succes. Het lukt me niet ergens anders te aarden. Het is niet alleen het landschap, het zijn ook de mensen. Ik voel me hier geborgen.

Mijn vrouw Jolanda zegt altijd: Jack is een bange man.

Dat voel ik zelf niet zo. Ik weet niet waar ik bang voor ben. Maar goed, een vrouw kent haar man beter dan hij zichzelf kent.

Jolanda heb ik op een maandagavond ontmoet in Carré. Ik was net gescheiden en zat niet goed in mijn vel. Zij zat op de eerste rij. Het hele concert heb ik naar haar gekeken en gedacht: met haar word ik oud. Onvoorstelbaar. We sloten het concert af met het nummer "Bestel maar" en liepen met de band door de zaal. Toen hebben we elkaar een seconde in de ogen gekeken. Ik was twee weken totaal van slag, maar had geen idee hoe ik haar kon bereiken. Gelukkig stuurde ze een bericht naar onze website met de tekst: "Een paar seconden, zo kort. Zo dichtbij. Jack ook van dichtbij ben je prachtig."

Kort daarna werden we aan elkaar voorgesteld bij een live radio-uitzending van *Spijkers met Koppen*. Ze bleek hier uit de buurt te komen, was geboren in Melderslo. Het was meteen raak. We trouwden toen ik vijftig werd. Ze is de liefde van mijn leven, daar ben ik van overtuigd.'

Ooit zag ik de prachtige documentaire *Van America helemaal naar Amerika* over de roadtrip van Rowwen Hèze in maart 1998 naar het Amerikaanse Texas. In kroegen en theaters speelden ze de pannen van het dak. Dampende tex-mex, polka's en de wals. Uiteindelijk stond de band zelfs samen met hun grote held en accordeonvirtuoos Flaco Jimenez op het podium. Een prachtige trip, maar een ramp voor Jack.

'Mijn vrouw Jolanda, zegt altijd: Jack is een bange man.'

'Ik wilde het plezier voor de rest van de band niet bederven, maar ik wilde helemaal niet gaan. Ik had vliegangst en heimwee naar mijn dorp. Misschien ben ik inderdaad een bang mens, maar ik ben toch vooral een romanticus. Door de muziek heb ik de vrouw van mijn leven leren kennen en ik weet zeker, ik ga nooit meer weg uit America.'

Wandelroute De Mariapeel

Startpunt:
het oude huis van
de familie Poels aan de
Zwarte Plakweg 61
5966 RJ America

Afstand: 11 kilometer
Duur: 2,5 uur

- Rij vanaf hier de Midden Peelweg over naar het einde van de Zwarte Plakweg, hier auto of fiets parkeren.
- Ga aan het einde van de Zwarte Plakweg bij bord 'De Pelen Mariapeel' linksaf het wandelpad op naar knooppunt 20.
- De route is duidelijk aangegeven met routepaaltjes met daarop de nummers van de wandelroute.
- Volg route no. 52 (gele pijl in rood vierkant).
- Van route 52 naar route 51.
- Bij route 50 rechtsaf, volg nu de gele route.
- Volg route 57 en steek de Soemeersingel over.
- Bij knooppunt 58 rechtsaf naar route 59.
- Terug naar route 57.
- Bij knooppunt 50 rechtsaf.
- Bij 53 linksaf.
- Bij 54 rechtsaf naar 51.
- Rechtsaf naar 52.
- Terug naar knooppunt 20 en de Zwarte Plakweg.

Pleisterplaats:

Herberg De Morgenstond
St. Barbarastraat 35
5766 PC Griendtsveen

Gasterie Lieve Hemel
De Hees 32
5975 NM Sevenum

Leemunse Bossen

De Leuvenumse Bossen

Wolvensporen op de Noord-Veluwe

Als ik GW998f was, zou ik ook onmiddellijk emigreren van Brandenburg in Duitsland naar de Noord-Veluwe. Dit natuurgebied is meer dan een goddelijk driesterrenrestaurant. Voorgerecht: konijnen en hazen. Hoofdgerecht: reeën, herten, wilde zwijnen en op een luie dag een paar schapen. Voor dessert: eekhoorns en fazanten. Bovendien, er is geen competitie. De jacht is er verboden, en soortgenoten hebben deze contreien nog maar pas geleden ontdekt. Kortom, ze heeft het rijk bijna voor zich alleen.

GW998f staat voor *genetic wolf* nummer 998, de f voor *female*. Sinds mei 2018 struint ze rond in Nederland. Eerst in Drenthe, waar ze zes schapen te grazen nam. Twee weken later sloeg ze weer toe, nu in het Groningse Marum. Vijftien schapen lieten het leven. Een maand later in juni richtte ze een waar bloedbad aan in Laag Zuthem in Overijssel. Schapenboer Nico Kalter vertelde aan een verslaggever van de *Groene Amsterdammer*: 'Ik liep net de boerderij binnen toen mijn zoon belde en zei: "We hebben hier verkeerd bezoek gehad."'

Overal in zijn veld lagen schapen. Twaalf bleken gekeeld bij het strottenhoofd, de koppen en vellen lagen er nog, het middendeel – hart, lever, ingewanden, van rug tot kruis – helemaal weg. Negentien waren gewond.

'Dat hoort bij buiten wonen zeggen stedelingen dan. Maar als ik zo'n bloedbad zie, moet ik huilen.'

Voor het eerst sinds 1969, toen bij het Limburgse Schinveld de laatste wolf werd verjaagd, zijn ze weer terug in het land. Een wolvenpaar in Nederland met welpen en er is nóg een vrouwtje, GW960f, op de Veluwe gesignaleerd.

Mijn buurvrouw in Amsterdam vraagt of ik niet op zoek moet naar de wolf voor mijn boek. Ze heeft het *Groene Amsterdammer*-wolvenartikel gelezen met de opruiende kop: 'Afschieten! Stel dat hij mijn kleinkinderen pakt.'

We hebben het maar moeilijk met de natuur die af en toe terugbijt. In juli verschijnt er een krantenbericht over de elfjarige Mirthe uit Meppel. In de recreatieplas Schoonhoven bij Hollandscheveld wordt ze gebeten door een snoek. Haar moeder plaatst een foto van de verwondingen op Facebook. Zwemmers blijven massaal weg. Meteen barst de discussie los over deze Hollandse zoetwaterhaai. De gemeente Hoogeveen biedt via een woordvoerder halfslachtige excuses aan: 'Het is zeer uitzonderlijk, maar het is helaas gebeurd', en Hengelsportvereniging Het Vette Baarsje staat al met de hengels in de aanslag. We houden van de natuur, maar wel op onze condities, liefst aangeharkt en heel graag honderd procent veilig.

'Voor het eerst sinds 1969, toen bij het Limburgse Schinveld de laatste wolf werd verjaagd, zijn ze weer terug in het land.'

Het is half mei, de zon doet haar best, maar het blijft bewolkt in de Leuvenumse Bossen. Vanaf bosvilla de Leuvenhof maak ik vanmiddag mijn eerste wandeling over de prachtig uitgestrekte hei, richting Elspeet.

Een leeuwerik zingt hoog in de lucht, zeldzaam mooi. Een koekoek meldt zich in de verte en een haas sprint met een noodvaart zigzaggend voor me langs over de hei. Het is maandagmiddag, veel volk is er niet op de been. Ik heb dit natuurgebied bijna voor mezelf. Gek is dat niet, de meeste wandelaars en toeristen reizen richting Hoge Veluwe, ten zuiden van de A1. Het Kröller-Müller Museum, de fietspaden en de stuifzandduinen zijn toeristentrekpleisters. Vinden ze eigenlijk wel prima zo, hier op de Noord-Veluwe, ingeklemd tussen de snelwegen A28 en de A1. Laat het hier maar lekker rustig blijven.

Net buiten het hek van de Leuvenhof, met een bord: 'gesloten houden i.v.m.

Wim Schraven

zwijnen', tref ik schaapherder Susanne Schraven. Met haar drie border collies houdt ze moeiteloos een kudde van tweehonderd schapen in bedwang. Ik heb zelden honden zo scherp zien luisteren naar de commando's van hun baas. Susanne heeft de wind eronder.

Het is spannend, want juist gisteren dook er een foto op van een wolvenpaar op de Noord-Veluwe, ze zijn op zoek naar een vaste woonplaats. Volgens de organisatie Wolven in Nederland en de Zoogdiervereniging lopen er inmiddels ook pups rond. Een nest is tussen de zes en tien jongen groot, dus binnenkort hebben we een heuse roedel wolven in de bossen op de Veluwe.

'Nog geen last gehad van wolven?' vraag ik Susanne.

Ze komt net terug uit de wei met haar border collies. 'Nog niets gezien, maar het verhaal gaat wel dat ze hier vlak in de buurt zitten. Er zijn wolvensporen gesignaleerd.'

De komende vier dagen ga ik op zoek naar de wolven op de Noord-

Veluwe. De kans is minimaal dat we de schuwe dieren te zien krijgen, maar je weet het nooit.

De volgende dag loop ik met Susannes man Wim vanaf de Leuvenhof richting het stuifzandgebied Hulshorsterzand. We zijn nog geen vijf minuten onderweg met de schapenkudde als een ree vlak voor ons wegsprint. Wim vermoedt dat de ree ons op een dwaalspoor probeert te brengen. En inderdaad, vlak bij een eik ligt haar reekalfje verscholen in het gras. Bambi op de Veluwe.

'Even oppassen dat de honden er niet achteraan gaan,' zegt Wim. 'Susanne is professioneel hondentrainer, zij is geniaal met de honden. Zelf kan ik er helemaal niets van.'

De bedoeling is dat de schapen van Wim en Susanne hier gras, dennenboompjes en jonge berken opeten zodat de hei weer een kans krijgt. Door de stikstofdeposities, de uitstoot van vooral veeteelt en de industrie, groeit het gras veel harder dan de hei. Als er niet wordt ingegrepen verdwijnen de heidevelden in hoog tempo. Een probleem dat volgens Wim overal in Nederland voorkomt. Een enorme plaag voor veel bloemensoorten.

'Je hoort wel eens dat de natuur steeds groener wordt. Dat lijkt mooi, maar als er alleen maar gras groeit, is dat niet gezond. Er komen dan geen insecten meer en daar zijn planten en dieren van afhankelijk. Als de balans niet heel snel wordt hersteld is dat rampzalig. We zijn de boel aan het slopen.'

Wim is zestig. Woonde voorheen in Amsterdam, maar heeft zijn leven totaal omgegooid. Hij is vader van twee volwassen kinderen, hield van de zee en surfen en heeft nu samen met Susanne een zoontje van nog geen jaar oud. Hij woont nu op de Sallandse Heuvelrug met in totaal twaalf border collies, tweehonderd schapen, een vrouw en een baby.

'Ergens is er iets goed misgegaan,' zegt Wim lachend.

Schaapherders zijn niet blij met de komst van de wolven. Wim en Susanne moeten hun kuddes voortaan beschermen met een hek dat onder stroom staat. Wolven jagen het liefst op wild, maar schapen zijn ook een niet te versmaden prooi.

'Nu is er nog voldoende wild. Er zijn hier ongelooflijk veel everzwijnen, maar ja, als de wildstand omlaag gaat zijn de schapen als eerste aan de beurt. Ze staan in hun eentje 's nachts moederziel alleen achter een hekje. De natuurorganisaties vinden het mooi dat de wolven weer terug zijn, maar ik ben bang dat als er tien, twintig, dertig wolven rondlopen onze schapen hier niet meer veilig kunnen grazen. Een wolf is van nature heel schuw, ze hebben een natuurlijke angst voor mensen. Maar toch lopen ze nu al door dorpen, zijn ze blijkbaar niet meer bang en dat is gevaarlijk. Moet je je voorstellen dat je hier met je gezinnetje rondloopt en met Fikkie, je kleine hondje, en opeens is Fikkie weg.'

Nee, voor Wim is het wel duidelijk. De wolf hoort niet in Nederland en al zeker niet in de buurt van zijn schapen.

'Natuurlijk lijkt het leuk dat de wolven terug zijn, maar voor ons heeft het direct gevolgen.'

'We hebben in Nederland geen natuur meer, wij beheren natuurparken. Eigenlijk zouden everzwijnen afgeschoten moeten worden want er zijn er veel te veel. Een park moet je beheren. In een tuin ga je ook maaien als het gras te hoog is. Natuurlijk lijkt het leuk dat de wolven terug zijn, maar voor ons heeft het direct gevolgen. Wij moeten nu 7000 volt op onze hekken zetten om de wolven bij de schapen weg te houden. Ik ga iedere ochtend naar de kudde met spanning in mijn lijf. Zijn ze allemaal nog in leven?

Ik vind het doodeng.'

Twee dagen wandel ik nu al door dit oogverblindend mooie gebied, waar geen wolf te zien is. Misschien heb ik vandaag meer geluk tijdens een wolvencollege van spoorzoeker Jaap van Leeuwen. Jaap is vrijwilliger van het platform Wolven in Nederland. Aan de telefoon is hij schimmig over de precieze locatie van de wolven. 'We hebben liever niet dat daarover wordt gepubliceerd. Er zijn al te veel mensen naar de wolven op zoek en dat verstoort de rust.' Jaap wil wel kwijt dat vlak bij het huis waar ik logeer wolvensporen zijn gevonden. Ook foto's bevestigen de aanwezigheid van de dieren in deze streek. Samen met zijn Duitse herder Arko gaan we op zoek naar sporen.

De afdrukken van een poot, poep of urine, niets ontgaat Jaap als we een tocht maken door de bossen en over de hei. 'Ik ben altijd al geïnteresseerd geweest in wolven. Eerder ging ik op vakantie in het Amerikaanse Yellowstone Park, dat is hét wolvenwalhalla van de wereld. De wolf is een groot en mythisch roofdier. Iedereen kent de spookverhalen, maar hoe meer je over de wolf weet, hoe meer die verhalen worden ontkracht. Net als de mens, zijn wolven groepsdieren. Vader en moeder bereiden hun welpen voor op het leven.'

Jaap heeft kaarten bij zich met sporen van de meest voorkomende dieren. Na verloop van tijd herken ik op de droge zandpaden sporen van herten, dassen en zwijnen. Maar wolven laten zich vandaag niet zien. Liefhebber Jaap heeft een heel ander standpunt dan de schapenhouders die zich hebben verenigd in de club No Wolves. Hun logo spreekt boekdelen: een rood verbodsbord met een streep door de kop van een wolf. Volgens Jaap is de angst van de schapenhouders onterecht. Met goede hekwerken en bewakingshonden blijven de wolven op afstand. 'Wij zijn het laatste land in Europa waar de wolf zich vestigt, we kunnen veel leren van onze Duitse buren waar al veel langer wolven rondlopen.'

Boswachter van Natuurmonumenten Mirte Kruit is het met Jaap eens: de wolven passen hier prima. Samen met haar collega's heeft ze 2300 hectare natuurgebied onder beheer. De allermooiste wandeling in het Leuvenumse Bos loopt volgens Mirte langs de meanderende Leuvenumse

Mirte Kruit

beek, de langste beek van de Veluwe, die zich een weg baant langs reusachtige beuken. 'Ik ben een geluksvogel want ik werk in een van de mooiste gebieden van Nederland. Als ik buiten ben en lekker tegen een boom aan kan zitten, helpt dat om mijn hoofd leeg te maken. Ik verlies ieder gevoel van tijd. In de natuur wordt pas duidelijk wat echt belangrijk is in het leven.'

Het water staat vandaag laag in de Leuvenumse beek, ook dit jaar heeft het weer veel te weinig geregend.

De zon schijnt in het water. We staan even stil als er plotseling met enorm geraas iets uit de beek omhoog springt. We schrikken, water spat alle kanten op. Als de modder is neergedaald zien we in het heldere water twee enorme snoeken van meer dan een meter lang. Ze zitten klem in dit diepere deel van de beek, even verderop staat het water te laag om verder te zwemmen. Mirte maakt met haar waterdichte telefoon een opname onder water.

Mirte ziet zichzelf als een idealist die zorg draagt voor de natuur. Ze slaat het nieuws op televisie en in de krant meestal over. Te negatief. Maar zelfs hier, op de wandelpaden, spelen mediadiscussies een rol. Onlangs nog werd ze aangesproken door wandelaars die fel uithaalden tegen haar: 'Waarom worden al die bomen door Natuurmonumenten gekapt? Dat kan toch niet? Bomen zijn onze levensader.'

'Ik krijg te maken met mensen die woedend zijn. Vaak zijn ze radeloos omdat ze geen invloed hebben op de klimaatontwikkelingen en de opwarming van de aarde. Dan zien ze gekapte bomen liggen langs de wandelpaden, terwijl bomen juist een oplossing zijn voor het CO_2-probleem. Door daartegen te protesteren hebben ze het gevoel een daad te stellen. Toch kappen wij bomen om de bossen te beschermen en te behouden. Het is een lastig onderwerp dat heel snel ontvlamt op social media.

Nederland is natuurlijk een aangeharkt land. Er is hier geen oerbos meer, alles is aangelegd, maar het is evengoed waardevol. Iedere Nederlander kan hier tot rust komen, maar vanzelfsprekend is dat niet. Het onderhoud van de bossen kost geld. Veel mensen hebben dat niet in de gaten. Soms denk ik wel eens: tijd voor een radicaal plan. We zouden hier slagbomen moeten neerzetten en entree heffen.'

'Als de modder is neergedaald zien we in het heldere water twee enorme snoeken van meer dan een meter lang.'

Een kassa bij ieder natuurgebied. Fikse toegangsprijzen voor mensen, dieren gratis. Geen gek plan.

'Ik vind het wel mooi dat de wolf terugkomt naar Nederland,' zegt Mirte. 'Er zit hier veel te veel wild en er wordt al gejaagd op edelherten omdat ze een gevaar zijn voor de verkeersveiligheid en schade toebrengen aan de landbouw. De wolf neemt dat nu voor een deel van ons over.'

Maar wat te doen met de schapen van herder Wim en Susanne op de Veluwe als het wolvenkoppel zich in hoog tempo voortplant? En kunnen kinderen ten prooi vallen aan een hongerige wolf? Dat is uitgesloten, volgens Mirte.

'Mensen zijn echt geen prooi voor de wolf. In Duitsland, waar veel wolvenroedels zitten, is nog nooit iets gebeurd. Zo zal het hier ook gaan, ook al zijn we het dichtstbevolkte land ter wereld.

We hebben in Nederland anderhalf miljoen honden en er zijn naar schatting 150.000 bijtincidenten per jaar. Daar zitten hele ernstige verwondingen bij. Dus het grootste gevaar voor kleine kinderen dreigt in de woonkamer, niet op de Veluwe met die paar wolven.'

Wolven, snoeken, en in het verre buitenland ook haaien. Iedere aanval op een mens of een dier, ook al is het een incident, wordt uitvergroot en opgeblazen. Volstrekt overdreven, vindt Mirte. Het heeft allemaal niets te maken met de werkelijkheid.

Inmiddels wandel ik al drie zonnige dagen over de Noord-Veluwe en nog steeds geen wolf in zicht. Toch zitten ze in de buurt. Tijdens een van mijn wandelingen kom ik terecht bij een natuurcamping in het Speulderbos bij Ermelo. Er ligt een brochure met de titel *Wolven in Nederland, wat betekent dat voor u?* Alsof we nu al belaagd worden door bloeddorstige dieren die stante pede moeten worden afgeknald.

'De komst van de wolf roept veel emoties op,' lees ik. 'Er is geen reden voor vrees dat het samengaan van wolven en mensen in Nederland moeilijker is dan in andere Europese landen. Het is eerder andersom: een wolf zal in het drukke Nederland moeite hebben een geschikte plek te vinden om zijn jongen groot te brengen en om niet als verkeersslachtoffer te eindigen.'

'Inmiddels wandel ik al drie zonnige dagen over de Noord-Veluwe en nog steeds geen wolf in zicht.'

Het is eind november, een halfjaar na mijn wandeltocht, en ik vraag me af hoe het de wolven op de Noord-Veluwe vergaat. Zijn ze er nog wel? In België lijkt het erop dat wolvin Naya met haar welpen is doodgeschoten. Wolvenbeschermers wijzen richting jagers, maar die ontkennen er iets mee te maken te hebben.

Ik bel met wolvenexpert Jaap van Leeuwen. Niks aan de hand, zegt Jaap. 'Met de wolven op de Noord-Veluwe gaat het heel goed. Er zijn inmiddels vijf welpen en vader en moeder wolf. Ik heb twee welpen gezien. Voor mij een kleine droom. Ik weet waar ze zitten maar ik ga er niet meer heen, anders raken ze verstoord. De welpen trekken vanaf nu de wijde wereld in.'

En hoe zit het met de schapen en de angst van de schapenhouders dat het een bloedbad kan worden in de bossen?

'Tot nu toe ging het één keer mis,' zegt Jaap. 'Bij Emst heeft een wolf in oktober veertien schapen gedood, waarschijnlijk is het een wolf van het Noord-Veluwse roedel.'

Emst ligt bij het Kroondomein, het jachtgebied van de koning. Dit roedel wolven heeft niet alleen goede smaak als het gaat om wild, maar woont ook nog eens graag op stand. Jaap wordt er blij van. Langzaam groeit de wolvenpopulatie in Nederland.

'In Drenthe is nog een wolf gesignaleerd, maar die is weer teruggelopen naar Duitsland. Op de Midden-Veluwe zit nog een eenzaam vrouwtje, dus daar kan nog een mannetje bij. De wolven in Nederland hebben zich definitief gesetteld en het worden er gelukkig steeds meer.'

Nog steeds heb ik geen wolf gezien, maar het lijkt een kwestie van tijd. Steeds meer wandelaars plaatsen foto's van een schichtige wolf die uit het beeld schiet. En ook het aantal berichten over doodgebeten schapen stijgt, met name in Friesland en Drenthe. Ooit moet het toch lukken tijdens een wandeling op de Veluwe of elders een wolf te spotten in Nederland.

Wandelroute de Leuvenumse Bossen

Startpunt:
Schapendrift 164
8075 BA Elspeet

Afstand: 10 kilometer
Duur: 2 uur

- Start de route bij het groene bord 'Welkom Leuvenumse Bossen' van Natuurmonumenten op de kruising Stakenbergweg-Schapendrift.
- Volg Schapendrift in noordwestelijke richting tot aan de houten 'bushalte' en ga hier rechtsaf.
- Linksaf bij het hek dat onder stroom staat.
- Linksaf bij de T-splitsing.
- Rechtsaf bij de T-splitsing.
- Bij paaltje Natuurmonumenten rechtsaf, volg het zandpad.
- Rechtsaf bij de zandweg.
- Rechtsaf bij paaltje met geel/oranje teken.
- Bij de T-splitsing weer rechtsaf.
- Linksaf Schapendrift in en je bent weer terug bij de start van de route.

Pleisterplaats:
De Zwarte Boer
Jonkheer Doctor C.J. Sandbergweg 67
3852 PT Ermelo

Restaurant Boshuis Drie
Sprielderweg 205
3852 MK Ermelo

GAASTERLAND

GAASTERLAND

Wandelen is het pauzeprogramma van Geert Mak

Op weg naar Friesland vraag ik me af of ik deze wandeling niet moet afblazen. Het is half november en het stormt, regent pijpenstelen en er hangt vrieskou in de lucht. Op de Afsluitdijk word ik bijna het IJsselmeer ingeblazen. Allesbehalve een dag voor een mooie tocht door de bossen van Gaasterland. Maar weer of geen weer, wandelen zullen we vandaag. Nog een halfuur rijden. Op naar Jorwerd.

Geert Mak is een man naar wie ik uren kan luisteren. Fijne stem, de juiste dictie en vooral een goed gevoel voor een mooi verhaal.

Hij is de favoriete geschiedenisleraar van het land, een meesterverteller. Zijn boeken over Jorwerd, Europa en de familie Six zijn zonder uitzondering bestsellers. Twee keer werd hij gekozen tot historicus van het jaar, zonder dat hij ooit een dag geschiedenis heeft gestudeerd. Geert is een domineeszoon, opgegroeid in het Friese Hardegarijp, jurist, journalist maar toch vooral de chroniqueur van de volkomen onvoorspelbare tijden waarin we leven.

Een klein wonder. Vlak voor aankomst in Jorwerd, waar hij en zijn vrouw Mietsie wonen, breekt de zon door. *Hoe God verdween uit Jorwerd*, zijn boek over de veranderingen in het dorpse leven uit 1996, heeft uiteindelijk geleid tot een verhuizing van de hoofdstad naar het platteland. Mietsie uit Maastricht voelt zich compleet thuis in Jorwerd, maar Geert moet toch zeker eens per week aan het infuus van het Amsterdamse stadsleven.

Tegenover hun huis ligt Het Wapen van Baarderadeel, de dorpskroeg en lokale huiskamer. Mietsie is vrijwilliger achter de bar. Jorwerd leeft van nabuurschap en volontairs. Bij overlijden graaft de timmerman de graven op het kerkhof en Geert is reserveklokkenluider en heeft dus de sleutel van de kerk. Hij geeft me een rondleiding over de begraafplaats. We lopen de prachtige Redbadtsjerke (St. Radboudkerk) binnen. Gepassioneerd vertelt Geert over zijn bijbaan in de kerk.

'Ik trek aan een klok uit 1394, heel leuk om te doen. De klok wordt iedere dag om twaalf uur 's middags geluid. Mensen hadden vroeger nog geen horloge en dan wisten ze: het eten staat op tafel. Verder luiden de klokken om negen uur 's ochtends als er iemand is overleden. Bij de lichte klok weet je dat het om een vrouw gaat en bij de zware klok om een man. Bij geboorten luiden we om elf uur.

Die traditie heeft het dorp altijd volgehouden. Indrukwekkend hoor, bij bekende dorpsgenoten wordt er lang geluid, soms wel tien minuten. Het kerkhof ligt midden in het dorp. In zo'n kleine gemeenschap is de dood op een natuurlijke manier rondom het kerkhof met het leven verbonden.

Als ik over de begraafplaats loop, herken ik veel namen. Hylke bijvoorbeeld, een jongen van achttien. Hij ging met vrienden joyriden en klapte met een auto tegen een boom. Hylke was de enige die het niet heeft overleefd. Zijn vrienden verzorgen nog altijd zijn graf.

Er is een andere jongen, Ids, hij overleed aan MS. Ik ben nog bij hem op bezoek geweest. Ja, zei Ids, krijg ik verdomme MS, Mooi Shit! Tijdens dorpsfeesten gaan zijn oude vrienden vaak een Berenburg drinken op zijn graf.

Ik wil er zelf later ook wel liggen, het lijkt me een voorrecht.'

Geert Mak vertelt zoals hij schrijft. Meeslepend en met goed gevoel voor drama. In *Hoe God verdween uit Jorwerd* schrijft hij over de kunst van het vertellen.

> Vertellen is de literatuur van de arme en de ongeziene. Het is de manier waarop belangrijke ervaringen via geheugensteuntjes als ritme en

poëzie soms betrekkelijk ongerept door de tijd geloodst kunnen worden.

Schrijven en wandelen zijn volgens hem onlosmakelijk met elkaar verbonden.

'Wandelen is voor mij een pauzeprogramma. Bij een goede schrijfdag hoort een wandeling van een uur of twee, of ik nu in Amsterdam of in Jorwerd ben.

Ik schrijf makkelijk, ik ben net een meubelmaker. Meestal begin ik om negen uur in de ochtend en met de wandeling erbij ga ik tot zes uur door. Het kost me geen enkele moeite. Als ik een boek schrijf leef ik in afzondering twee jaar lang met een emmer over mijn hoofd. Nu tref je me terwijl mijn boek over Europa af is en dat is enorm bevrijdend, er is weer tijd om naar leuke plekken te gaan. Een feestje. Ik moet me er tijdens het schrijven juist toe dwingen om te gaan wandelen en me dat plezier te gunnen. Als ik dat niet doe, verstar en verstijf ik helemaal.

Schrijven is heel inspirerend, maar tegelijkertijd verdovend. Wandelen doorbreekt de verdoving.

En je kunt de rest van het leven weer beter bekijken. In een heel prettig tempo door de wereld banjeren, dat is het. Je kunt alles apart bekijken, ieder blaadje, iedere paddenstoel. Het is een mooie manier om de wereld en de natuur te observeren.

Natuur en wandelen horen bij elkaar. Natuur en autorijden niet. In de auto ben je alleen maar bezig met het verzamelen van kalenderplaatjes. Je ruikt de natuur niet.

In een virtuele wereld waarin we op allerlei manieren worden weggeduwd van het normale bestaan, dwingt wandelen ons weer tot het leven zoals het is. Dat is heel belangrijk. Wandelen is een medicijn.'

Geert wandelt graag met zijn Mietsie. Zij heeft hem geleerd het leven te vieren. De domineeszoon uit Friesland is sinds zijn ontmoeting met Mietsie een fanatiek carnavalsvierder. Misschien nog wel meer dan zij. Geschminkt en al naar het zuiden, naar Maastricht. Limburgers zijn volgens hem aan de buitenkant hartelijk en gastvrij maar vanbinnen gesloten en moeilijk door-

'Bij een goede schrijfdag hoort een wandeling van een uur of twee, of ik nu in Amsterdam of in Jorwerd ben.'

dringbaar. Bij Friezen is het precies omgekeerd. Eerst is er afstand, de kat uit de boom kijken, maar wie uiteindelijk in de smaak valt kan rekenen op eeuwige vriendschap.

Samen met Mietsie praat hij tijdens hun wandeltochten over zijn werk, over zijn Europese epos *Grote verwachtingen* bijvoorbeeld. 'Mietsie heeft invloed op mijn boeken. Haar observaties tijdens onze buitenlandse reizen zijn altijd messcherp. Dan zeg ik: Het gaat wel goed in dit land. Nou, zegt zij dan, heb je wel naar de ogen van die mensen gekeken. Dooie ogen. Dat soort ogen zagen we ook in Moskou.

Ze heeft een perfect gevoel voor mensen en situaties.

Ik ben een pathologische optimist, hoewel ik soms wel sombere conclusies moet trekken voor de boeken die ik schrijf. Mietsie dempt en relativeert mijn optimisme.'

We rijden van Jorwerd naar de bossen van Gaasterland aan het IJsselmeer. Dit is het land van Geerts jeugd. Hier liggen de onuitwisbare sporen van zomervakanties met zijn familie. We starten de wandeling bij hotel-restaurant Jans in Rijs. Het is inmiddels een prachtige najaarsdag geworden. De zon schijnt door de gele herfstbladeren waarop de wind nog geen grip heeft gekregen. De herfst heeft geen haast dit jaar. Ook dat is volgens experts een gevolg van de klimaatopwarming.

'Dit is de plek waar mijn ouders jarenlang vakantie vierden. Een arme domineesfamilie uit Leeuwarden. Mijn moeder was niet zo goed ter been, dus die mocht met de bus. Maar de rest van de familie vertrok 's ochtends om negen uur op de fiets, mijn vader voorop. Ik was pas tien. We reden in een lange sliert vanuit Leeuwarden naar Rijs. Een route van vijftig kilometer. Vier uur later kwamen we hier aan bij een pension iets verderop aan deze weg, de Mientwei.

Ik heb hier eindeloos gespeeld. Tegenover het pension was het Jolderenbos. Laatst was ik er weer eens en ik herkende ieder paadje. Het zit voor eeuwig in mijn genen.'

Geerts grootvader logeerde vroeger bij landhuis Kippenburg, vlak bij de plek waar we wandelen. Hij was in Balk schoolmeester geweest en later verhuisde hij naar het westen. Daar ontmoette hij zijn vrouw. 'Hij kwam hier iedere ochtend aanlopen met zijn witte baardje, dat moet in 1953 zijn geweest. Hij maakte veel gedichten over de bomen in Gaasterland. Hier ligt veel familiegeschiedenis. Dit is mijn oer-vakantieplek, ik had hier ook veel vriendjes om mee te spelen. Heel fijn. In de winter droomde ik al van deze vakantie.

Als ik lekker wil lopen ga ik hier nog altijd met Mietsie naartoe. Het is er nooit echt druk. Het Rijsterbos in Gaasterland is een onontdekt stukje van Friesland, terwijl het toch zo dicht bij de Randstad ligt.'

We wandelen over de Murnserleane, een statige weg met forse beuken en eiken, ook wel de Kalverstraat van Gaasterland genoemd. Het mag hier dan prachtig zijn, Geert Mak is kritisch over het natuurbeleid van de provincie Friesland. Al snel ontsteekt hij in een vlammend betoog tegen de opgefokte agrarische industriële sector die de natuur bedreigt en steeds verder indamt. 'In Jorwerd kun je nog een mooie wandeling maken van een uur langs de vaart, maar daar is alles wel mee gezegd. Het grote probleem is dat het landschap rond Jorwerd niet beschermd is. Van oorsprong was het heel mooi. Op sommige plekken loop je nog steeds door een oud Fries landschap, maar het is toch vooral een agrarisch industrieterrein geworden. Het fraaie Friese landschap is als een groen biljartlaken rechtgetrokken.

De Friezen hebben een hele gekke relatie met hun landschap. Aan de ene kant kunnen ze er prachtige, sentimentele liederen over zingen, maar er wordt heel weinig gedaan aan landschapsbescherming. Het is voor de provincie toch een productiegebied. Enorme stallen en schuren verrijzen in het landschap. Vanuit het standpunt van de boeren is dat volkomen begrijpelijk. Maar in Groningen en in Drenthe worden er grote boomwallen om de bedrijven gezet. Planten en dieren zijn er gek op. In die zee van groen zie je in het landschap dan eilandjes van bomen. In Friesland gebeurt dat niet.'

'Het fraaie Friese landschap is als een groen biljartlaken rechtgetrokken.'

Met ergernis ziet hij het Friese landschap in rap tempo verloederen. De vogels die er vroeger met genoegen rondliepen en over de akkers vlogen, zijn bijna allemaal verdwenen.

'De kievit, de grutto, ze hebben het allemaal heel zwaar. Het zijn vogels die horen bij drassig land. Toen ik een jongetje was stond rondom Leeuwarden in de winter de helft van het land onder water. Je kon er lekker op schaatsen. Dat is het originele Friese landschap waar al die weidevogels op tierelierden. Heel drassig, vol met wormen en insecten. Sinds er grote gemalen kwamen in de jaren zestig, is het land droog en dus is er veel minder voedsel te vinden. De natuur is uit balans, waardoor er te veel vossen zijn die alle nesten leegvreten. En de resterende vogels krijgen dan de doodklap van boeren die in de zomer soms wel tot middernacht doorjakkeren met hun enorme cyclomaaiers. Geen nest overleeft dat, alles gaat door een gehaktmolen, al die vogelkopjes vliegen eraf. Het zijn enorme bloedbaden. Maar ik moet er direct bij zeggen: er zijn minstens zoveel boeren die er alles aan doen om de nesten te behouden. Om met Máxima te spreken: *de* boer bestaat niet.'

Helaas heeft Geert gelijk. Niet alleen in Friesland, overal in het land verdwijnen vogelsoorten. De leeuwerik voorop. Vogelliefhebber Jac. P. Thijsse schreef in 1906 nog uitgebreid over de vrolijke veldleeuwerik, onmisbaar in het weidelandschap.

> Hoog in de lucht zingen leeuweriken, een half dozijn tegelijk. Telkens daalt er een neer of stijgt er een op en wie goed kijkt langs het korte voorjaarsgras tusschen de gele bloemen, kan nog menig kuifkopje zien rondwandelen, pikkend naar voedsel, zorgend voor het nest of vechtend met de buren.

De veldleeuwerik was 25 jaar geleden nog volstrekt normaal in het landschap. Tijdens mijn wandelingen het afgelopen jaar heb ik er maar een gezien. De leeuwerik is maar een van de vele soorten die kopje-onder gaan. Vogelbescherming Nederland schrijft in een brandbrief naar de besturen van provincies dat er echt iets moet gebeuren aan het lot van de grutto. Uit tellingen blijkt dat veel te weinig jonge grutto's het broedseizoen overleven. Het leefgebied van de vogels wordt volgens Vogelbescherming letterlijk weggemaaid en er leven nog maar weinig insecten.

'Dat maaien,' vindt Geert, 'moet 's avonds verboden worden, maar het gebeurt niet. Het CDA en de boerenlobby zijn behoorlijk sterk. Het Friese landschap was vroeger in het voorjaar spectaculair met al die vogels en bloemen. In 2005 gingen we in Jorwerd wonen. Je werd toen nog 's ochtends om vijf uur wakker en dan zei Mietsie tegen mij: Mag die wekker uit? Horen en zien verging je met al die fluitende vogels.

Een paar jaar later maakten we op een zondagmiddag een wandeling in april en plotseling was het doodstil. Dat was eng. Opeens realiseerden we ons: het is letterlijk *Silent Spring*, dat was het eerste boek over milieuproblematiek dat in de jaren zestig verscheen in Amerika, geschreven door Rachel Carson. Het was een waarschuwing tegen het verwoestende gebruik van pesticiden.

Verrek, zeiden we tegen elkaar, het had nu een helse herrie moeten zijn, maar we horen niks.'

En dan fel: 'Ik hoor die Friese bestuurders praten, maar in werkelijkheid interesseert het ze geen bal. Kijk maar naar de taal die het landschap spreekt.

Het ís ook ingewikkeld, we leven per slot van rekening met z'n allen op een kluitje, en iedereen heeft andere belangen. Maar ook voor de hand liggende maatregelen worden niet genomen, zoals het aanleggen van bomenrijen rond die lelijke schuren en stallen.

Ik vind het heel jammer. Het Friese cultuurlandschap was vanouds schitterend, het had een heel eigen ritme en schoonheid. Dat is bijna verdwenen. Het gaat me ontzettend aan het hart dat de belangstelling voor het landschap hier zo miniem is.'

Vlak voor mijn bezoek aan Friesland hebben boze boeren het Malieveld in Den Haag bezet uit protest tegen de in hun ogen absurde maatregelen die de natuur moeten beschermen en hun bedrijven ruïneren. Het is een feit dat het boerenbedrijf natuurgebieden, waarvan er al zo weinig zijn, verstikt. Met lede ogen ziet Geert Mak het aan. Hij wandelt nog steeds graag in Friesland, maar het mooiste deel van het land is volgens hem de geboortegrond van Mietsie. Ze komen er vaak. Het landschap doet hem denken aan Engeland.

'Net als het Britse Kent heeft Zuid-Limburg een grote mate van lieflijkheid. Je ziet er alsmaar verschillende perspectieven.'

Soms verlangt hij terug naar de tijd van Jacob van Lennep. Deze schrijver, dichter en politicus was naast een fervent rokkenjager ook een wandelaar. Samen met zijn jaargenoot uit Leiden, Dirk van Hogendorp, maakte Van Lennep in de zomer van 1823 een wandeling van drie maanden door het land dat vooral buiten de steden een wildernis was – en soms onveilig. Geert schreef het voorwoord voor het boek *Lopen met Van Lennep. Dagboek van zijn voetreis door Nederland.*

Het verslag van die reis is bewaard gebleven. Heel interessant omdat de twee studenten door Nederland wandelen vlak voordat de Industriële Revolutie losbarstte. Ze zien het Noordzeekanaal dat gegraven wordt, dat weer zal leiden tot de groei van Amsterdam. Ze zien een paar fabrieken, maar het is nog een landelijk Nederland. Tien jaar later is alles veranderd. Zij wandelden fikse afstanden, soms wel veertig kilometer per dag. Maar de natuur beleefden ze als iets afschrikwekkends. Drenthe vonden ze woest, een vreselijke wildernis waar je zo snel mogelijk doorheen moest. In Drenthe woonden, schreef Van Lennep in zijn dagboek, alleen maar wilden.

> Bij alle deugden die de Drentenaar uit routine bezit, voegen zich in het negatieve de onverschilligheid voor het vreemde, de gehechtheid aan de oude sleur, tegenzin om iets nieuws te proberen, in een woord al die kleine maar toch reële gebreken die uit de aard van zijn leven voortvloeien.

Wat Van Lennep en Van Hogendorp vooral mooi vonden waren boomgaarden en weilanden met vette perenbomen, daar genoten ze van.

Net als de industriële boeren van nu, vertelt Geert, zagen ze de natuur als een tegenstander.

'De boeren in Nederland willen de natuur tot op het bot temmen. De oude generatie weet nog heel goed dat er een balans moet zijn.

Toen ik mijn boek over Jorwerd schreef waren er veel boeren die schande spraken over wat er in Brabant gebeurde met de varkens in de megastallen. Daar hadden ze veel meer vee en dus veel te veel mest. Het land kon dat niet absorberen. Volgens de klassieke norm mocht je evenveel vee hebben – en dus mest – als je land aankon, ongeveer twee koeien per hectare. In de kern was dat een cyclische manier van denken: zo handelde je als verantwoorde boer.

Nu pompen die Friese boeren hun eigen land net zo goed vol met stront. Hoe modern alles ook lijkt, het is in wezen een volstrekt achterhaald productiemodel. Dit piepkleine Nederland is het tweede landbouw-exportland ter wereld, het is ronduit krankzinnig. Dat kan alleen door het land en de natuur op een enorme manier uit te buiten. Het gaat domweg niet samen.

Maar je hoort de jongere generatie steeds vaker morren: die beseft heel goed dat dit niet lang meer zo kan doorgaan. Dan is de grond compleet dood. Nee, er moet voor de boeren een alomvattend deltaplan komen om de CO_2 en de stikstofcrisis te bedwingen, een plan op lange termijn. Daar smeken de boeren ook om. De politiek denkt in termijnen van vier jaar, soms nog minder. Dat geldt ook voor de bureaucratie. Een boerenbedrijf investeert voor minstens vijftien jaar. Dat verschil maakt alle boeren gek, van de grootste machineboer tot de kleinste biologische boer, zo kunnen ze gewoon niet werken. En dat snap ik ook.'

Mak heeft een missie. Er moet iets veranderen, anders gaat de natuur naar de knoppen. Hij ergert zich mateloos aan boerenorganisaties die maar doordrammen. En ook de boerenbank Rabobank krijgt van Geert een flinke veeg uit de pan. Die bank heeft talloze boeren verleid tot een veel grotere uitbreiding van hun bedrijf – en dus tot een grotere lening – dan ze van plan waren. En dus kwamen ze, met al die schulden, nog meer klem te zitten.

'De grote boerenorganisaties hebben enorme macht en slepen de hele sector mee. Kleinere boeren worden vermalen. De Rabobank speelt hier een desastreuze rol in en daar hoor je dan weer niemand over. Ik heb het meegemaakt bij ons in de buurt dat de Rabobank zei tegen een boer met 100 stuks vee: "Je moet naar 150." Hoe groter, hoe beter voor de bank. Absurd!'

En dan een diepe zucht. 'We hebben het alleen maar over ellende, terwijl we door dit prachtige bos lopen.'

We naderen het IJsselmeer. Kitesurfers gieren met een noodgang over het water. Verder is er niemand. Een verlaten drassig Hollands landschap. Aan deze oever stonden bijna twee eeuwen geleden twee jonge studenten uit Leiden. Het uitzicht moet identiek zijn geweest. Geert zou graag met ze willen ruilen – voor even. 'Ik wilde dat ik nog kon rondwandelen door het landschap van Van Lennep, tweehonderd jaar teruggaan in de tijd. Prachtig moet dat zijn. Maar ook bloedsaai. Biologen zouden er gek van plezier worden, maar het toenmalige Drenthe was vooral eindeloos hoogveen en zompige bulten. Er was in die tijd niet doorheen te komen.'

Precies zoals Jacob van Lennep in 1823, hebben we een rondje gelopen door het Rijsterbos. Bijna tweehonderd jaar geleden beschreef Van Lennep zijn en onze tocht zo:

> Verrukkelijk is de aankomst te Rijs waar eene menigte lanen met hooge eiken beplant op elkander uitlopen. Treffend is het, wanneer men uit het kreupelhout komt, de Zuiderzee aan zijne voeten te zien welke korenvelden besproeien komt. Teruggekeerd aten wij pannenkoeken in een klein herbergje.

Dat herbergje heet tegenwoordig hotel-restaurant Jans. In plaats van met de pannenkoeken van Van Lennep, sluiten wij een perfecte wandeldag af met bier en port.

Wandelroute Gaasterland

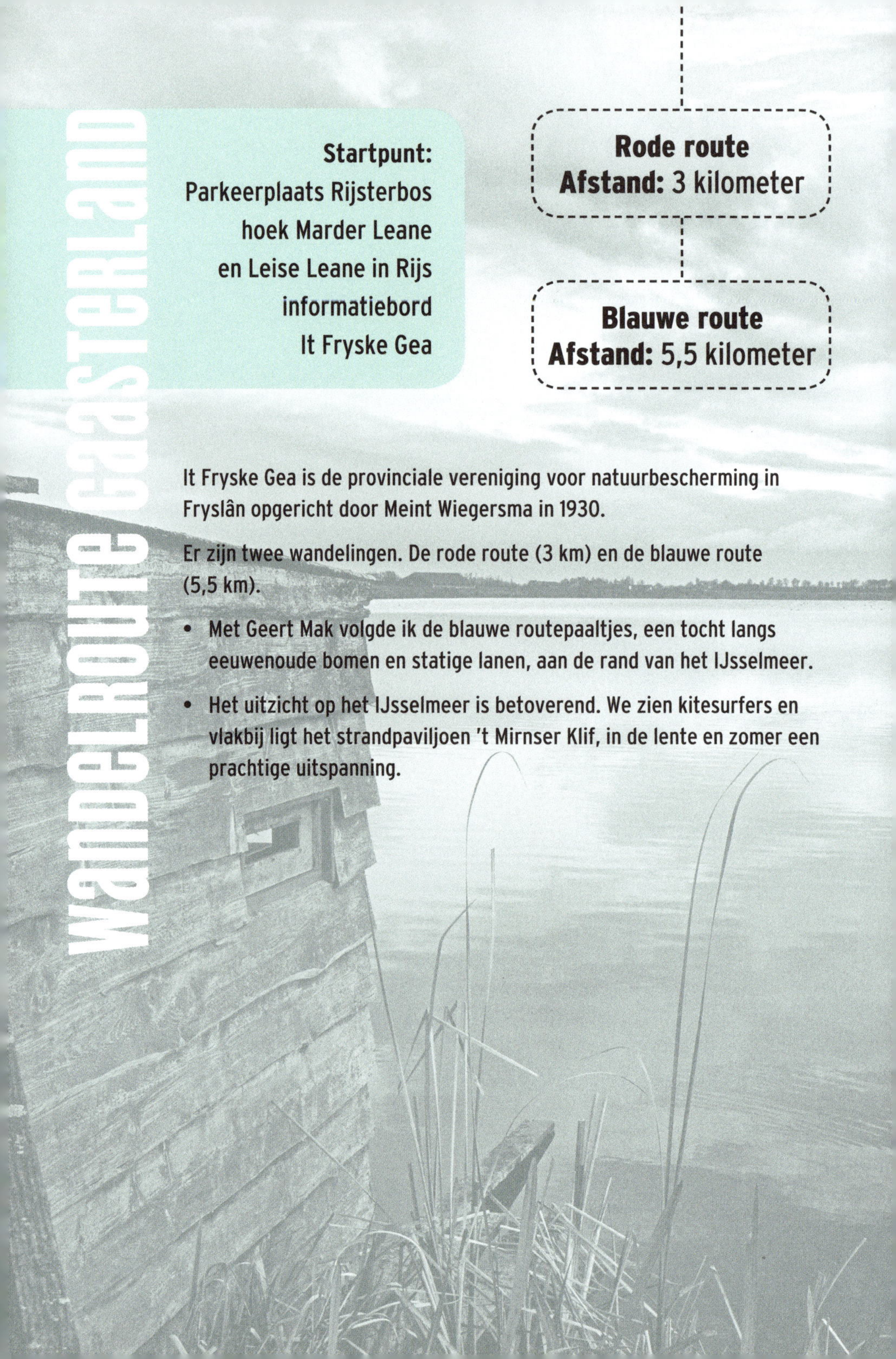

Startpunt:
Parkeerplaats Rijsterbos
hoek Marder Leane
en Leise Leane in Rijs
informatiebord
It Fryske Gea

Rode route
Afstand: 3 kilometer

Blauwe route
Afstand: 5,5 kilometer

It Fryske Gea is de provinciale vereniging voor natuurbescherming in Fryslân opgericht door Meint Wiegersma in 1930.

Er zijn twee wandelingen. De rode route (3 km) en de blauwe route (5,5 km).

- Met Geert Mak volgde ik de blauwe routepaaltjes, een tocht langs eeuwenoude bomen en statige lanen, aan de rand van het IJsselmeer.
- Het uitzicht op het IJsselmeer is betoverend. We zien kitesurfers en vlakbij ligt het strandpaviljoen 't Mirnser Klif, in de lente en zomer een prachtige uitspanning.

Pleisterplaats:
Hotel-restaurant Jans
Mientwei 1
8572 WB Rijs

Strandpaviljoen 't Mirnser Klif
Murnserdyk 46A
8573 WP Mirns

Marker Wadden

De Marker Wadden

Het nieuwe Nederland in het Markermeer

Niks mooiers dan een onverwachte reis. Mijn buurman Joop in Amsterdam is een zeilfanaat. Zijn zeilboot de Quinto ligt vlakbij in de haven van Durgerdam en het lijkt Joop een goed idee naar de Marker Wadden te zeilen.

'Wanneer, Joop?'

'Morgen.'

'Deal.'

Geen idee wat we er zullen aantreffen. Een opgespoten zandbank in het Markermeer waar nog maar weinig natuur te zien is, lijkt me. Dat blijkt al snel een vergissing.

We zeilen de haven van Durgerdam uit met zacht, zonnig lenteweer en een perfecte noordoostenwind.

Op vrachtverkeer na hebben we het Markermeer voor ons alleen. Het plan is om te overnachten in de net geopende haven op de Marker Wadden. Toch spannend, dit nieuwe Nederland. Misschien verwerft het ooit de iconische status van de Afsluitdijk of de Oosterscheldekering. Aan boord krijgen we kolonistenkoorts. Wanen we ons straks Robinson Crusoe, alleen op de wereld, of is er al iets te zien? We hebben geen idee.

Rond halfvier leggen we aan op het volkomen verlaten Haveneiland. Geen boot te zien, behalve de boot van Natuurmonumenten, eigenaar en initiatiefnemer van de Marker Wadden. Het eiland is overweldigend mooi en begroeid met moerasandijvie, perzikkruid en rode klaver. Bij de haven staat volop riet en lisdodde, die bewust zijn uitgezaaid. De rest van de planten is letterlijk komen aanwaaien.

Er staat een uitkijktoren, het barst er van de vogels en er is geen mens te bekennen. We wandelen over houten vlonderpaden door een moerasgebied richting het strand aan de noordkant van het eiland. Dit nieuwe land is nog maar net ontdekt door planten en dieren. Alleen het Haveneiland is toegankelijk, de andere vier eilanden zijn gesloten voor het publiek. Hier vieren de vogels hun vrijheid.

De Marker Wadden moeten weer leven in de brouwerij brengen in het bijna uitgestorven Markermeer, oorspronkelijk het IJsselmeer. Het meer is in 1976 ontstaan met de aanleg van de Houtribdijk tussen Enkhuizen en Lelystad. Door de aanleg van dammen en dijken heeft het Markermeer geen natuurlijke oevers en bovendien is het meer niet verbonden met de zee of een rivier – en dat is dodelijk voor planten en dieren. Er ligt inmiddels een verstikkende sliblaag op de bodem. Vissen sterven uit waardoor watervogels niet meer kunnen foerageren en hier niets meer hebben te zoeken. Een dooie boel dus.

De bedoeling is dat de nieuwe eilanden vol komen te staan met waterplanten en oeverplanten. De eilandengroep werkt als een soort filtersysteem om het slibprobleem te verminderen. De slib spoelt aan en blijft hier achter. Als alles goed gaat, fungeren de Marker Wadden straks als een gigantische zuiveringsinstallatie voor het Markermeer.

In 2011 legden de baggermachines van Boskalis dijken aan met zand uit de IJssel. En nu, acht jaar later, is het gebied net zo groot als het centrum van Amsterdam.

‘Het eiland is overweldigend mooi en begroeid met moerasandijvie, perzikkruid en rode klaver.’

En het idee werkt! Terwijl de baggermaatschappij nog volop bezig is met de afwerking van de eilanden, hebben watervogels het nieuwe vogelparadijs al lang in de smiezen. Meer dan duizend hectare onbewoond land, meertjes vol met watervlooien, ideaal voedsel voor jonge vissen zoals spiering. En daar komen weer massaal visdiefjes, meeuwen en dwergsterns op af. Ook fijn dat er geen vossen of jagers in zicht zijn. Dit is de ideale snackbar voor ganzen, zwanen, lepelaars, kokmeeuwen en kluten.

In 2018 zien boswachters 120 vogelsoorten en op één dag tellen ze 17.000 vogels. De vogels broeden er ook volop. Als de natuur een kans krijgt, gaat het herstel snel. En dat is goed nieuws.

Cees van Kempen

Joop en ik dwalen over het eiland en komen uiteindelijk in de haven de eerste soortgenoten tegen. Kees Stol, 75 jaar, en zijn 68-jarige kameraad Lammert Wiersma zijn pensionado's en de komende zeven dagen vrijwillige eilandopzichters in dienst van Natuurmonumenten. Ze slapen, koken en eten in een container en bij mooi weer buiten onder een afdak. Een goddelijk desolate plek. De koffie staat er klaar.

Kees: 'Lammert en ik zijn maatjes. We zijn allebei vogelaars.'

Lammert: 'We doen hier klusjes, trekken woekerende wilgen uit de grond en bewaken het eiland.'

Kees: 'Het is voor het eerst dat we hier een week zitten, geen televisie in de buurt. Heerlijk. Nergens ter wereld vind je een natuurgebied dat door mensen is aangelegd. Veel buitenlandse bezoekers komen kijken hoe wij dit hebben gefikst.'

Lammert: 'Je kunt hier heerlijk wandelen, zestien kilometer in totaal. De veerdienst vaart van april tot oktober vanaf Lelystad naar de Marker Wadden en de belangstelling is gigantisch. Mensen schrijven zich massaal in. Dit gebied is ook sensationeel, het is Nieuw Nederland. Toen wij hier voor het eerst kwamen was er nog niemand ooit geweest. Dan krijg je toch echt een Neil Armstrong-gevoel – *a small step for man, one giant leap for mankind*. Dat idee.'

Kees is een eilander, geboren en getogen op Terschelling. 'Ik voel me hier helemaal thuis. Dit is echt fantastisch. Fijn dat er zo weinig mensen zijn, wij eilanders zijn natuurlijk toch eenlingen.'

Lammert is het helemaal met hem eens. 'Als er een schip aankomt uit Lelystad met 150 man aan boord is het hier net de Kalverstraat. Maar zodra mensen gaan wandelen verdeelt het zich mooi over het eiland. Dan lost de massa op.

We hadden hier laatst twee verbijsterde Duitsers op bezoek: *Wie ist das möglich?* Lachend riepen wij: *Wir schaffen das*. Er lopen hier nu wetenschappers rond en een filmteam. Die maken een documentaire over de Marker Wadden.'

Kees en Lammert zijn de meest enthousiaste ambassadeurs die de makers van de Marker Wadden zich maar hadden kunnen wensen. Ze raken niet uitgepraat over de eilanden, en over Roel Posthoorn, de bedenker en projectdirecteur. Hij ontwierp het plan dat nu realiteit is geworden. In aanbouw zijn nog een bezoekerscentrum, een restaurant, een woning voor de eilandwachters, vier lodges, een kampeerterrein en een onderkomen voor dichters, schrijvers, schilders en componisten. Het licht is er prachtig en de omgeving beeldschoon, onbezoedeld door elektriciteitsmasten of windmolens. Inspiratie in overvloed. Roel Posthoorn tekende eerder voor de omslag van boerenland naar natuur op Tiengemeten, ten zuiden van Rotterdam, ook al zo'n topeiland waar ik eerder rondstruinde. Eilanden in Nederland, ze hebben een magische aantrekkingskracht op me.

Vier maanden na mijn eerste bezoek besluit ik terug te gaan naar de Marker Wadden. Ik wil de eilandontwerper ontmoeten en de documentairemaker. Deze keer vaar ik met de driemaster, de Abel Tasman. Twee keer per dag zeilt het schip heen en weer vanuit de Bataviahaven in Lelystad. Op de kade tref ik Roel Posthoorn. Hij blijkt, net als ik, eilandengek. 'De manier waarop mensen reageren op de Marker Wadden is ver boven mijn verwachting. Ik ben zelf dol op eilanden. Maar nu blijkt dat ontzettend veel mensen, net als ik, heel gelukkig worden van dit eiland. We werden overvallen door het succes. Er komen veel meer mensen dan we hadden gedacht. We hebben dus meer voorzieningen nodig, wc's bijvoorbeeld. Wil je een eiland aan de praat krijgen dan is het belangrijk dat je iets maakt wat een verlangen oproept. In Nederland en in veel andere landen worden dit soort projecten enkel door de "nuttigheidszeef" gehaald. Wat is het nut en de noodzaak van zo'n plan? Maar het gaat ook om het basale verlangen dat het weer goed gaat met de natuur, of dat je naar een plek reist waar het mooi is.'

In de eerste maanden na de opening van het eiland wandelen er al 11.000 bezoekers rond. Maar het project is voor Roel Posthoorn nog lang niet klaar. Bij Lelystad wil hij nog een schiereiland bouwen waar bezoekers makkelijker naartoe kunnen. Dat haalt de druk weg bij de Marker Wadden. Tweehonderd miljoen euro is er volgens Posthoorn nog nodig voordat zijn droom compleet is gerealiseerd.

'Het ziet er veelbelovend uit, maar er moet nog wel een pure stilteplek komen, alleen voor de natuur, waar de bezoekers niet doorheen mogen banjeren. Het hele project moet voor 2030 klaar zijn. Iedereen wordt er blij van. Er is een explosie van leven op en rond het eiland. Ik ben een gelukkig mens en kom hier zeker één keer per week omdat het zo leuk is het eiland te zien ontwikkelen.

In 1997 ben ik begonnen met het ontwerp van Tiengemeten. Wij gingen toentertijd ook kijken naar andere eilanden in het buitenland waar maar een paar mensen op wonen. En bewoners van die eilanden kwamen voor een uitwisseling naar Tiengeme-

'Maar nu blijkt dat ontzettend veel mensen, net als ik, heel gelukkig worden van dit eiland. We werden overvallen door het succes.'

ten. De Hebriden, een uitgestrekte groep eilanden voor de westkust van Schotland, deden mee. En ook Bere Island, aan de zuidkant van Ierland, en Ile d'Ouessant, voor de kust van Bretagne.

Toen ik begon aan Tiengemeten woonden er veel meer mensen op het eiland. De boeren zijn uiteindelijk vertrokken, maar de mensen met een weekendhuisje en de vaste bewoners mochten blijven. Natuurlijk is er altijd gedoe met de vaste bewoners en de landeigenaar Natuurmonumenten. Dat hoort er nu eenmaal bij.

De Marker Wadden zijn nog lang niet klaar, dit is pas fase 1. Er moeten nog meer eilanden bij om het Markermeer weer leefbaar te maken. We willen het hele meer op sleeptouw nemen. Dit is het vreemdste eiland ter wereld omdat het door mensen is gemaakt en bedacht, en onbewoond blijft. Ik hoop natuurlijk dat de bezoekers ooit zullen denken dat het eiland er altijd al was.

Voorlopig is het nog niet zo ver. De Marker Wadden zijn vergelijkbaar met een voettocht op een verre planeet. Niet voor niks doen drie universiteiten onderzoek op de eilanden en is een documentaireploeg al jaren bezig het ontstaan van het gebied vast te leggen.'

Tijdens mijn tocht op de Marker Wadden zie ik een duiker in een te groot rubberpak in een poel. Het ziet er bizar uit, het is er zo ondiep dat zijn rug en kont boven het water uitsteken. De duiker is in de weer met een filmcamera en maakt opnamen van waterinsecten, larven en piepkleine visjes. Niet direct spectaculair David Attenborough-materiaal.

De regisseur van deze natuurfilm is Cees van Kempen. Al vier jaar volgt hij de aanleg van de eilanden voor een televisiedocumentaire. Samen met Cees loop ik over het bezoekerseiland. In een vorig leven was hij consultant, maar hoe gaan die dingen? Hij was het adviseren zat en koos uiteindelijk voor zijn jongensdroom.

'Dit is het vreemdste eiland ter wereld omdat het door mensen is gemaakt en bedacht, en onbewoond blijft.'

'Ik was midden veertig en dacht: is dit het nou? Liefst wilde ik met de laarzen aan naar buiten, de natuur filmen. Ik maakte altijd al foto's van mijn favoriete vogel, de ijsvogel. Uiteindelijk ben ik die gaan filmen en besloot ik van mijn hobby mijn beroep te maken.

Een goede natuurfilmer moet geduld hebben maar dat is dus juist een van mijn allerslechtste eigenschappen. Ik moet permanent mijn onrust onderdrukken. Vaak zit ik in een schuiltentje te vernikkelen in afwachting van iets moois. Ik wilde bijvoorbeeld heel graag een shot hebben van wolvenwelpjes die aan het spelen zijn op een zandpad. Moet je dus wekenlang iedere avond en elke ochtend op wachten. Dan denk ik vaak: ik ben stapelgek. Maar uiteindelijk is het gelukt, we hebben het beeld van de wolvenwelpjes te pakken.'

Cees begon voorzichtig met een natuurfilm over een torenvalk die vlak bij zijn huis nestelde. Daarna volgde een film over zijn favoriete ijsvogel. En twee jaar van zijn leven besteedde hij aan het filmen van een beverfamilie op Tiengemeten.

'Een supereiland,' vertelt Cees, 'ontsproten aan dezelfde geest als de Marker Wadden. Roel Posthoorn is een geniaal man. Hij heeft Tiengemeten niet alleen bedacht, maar hij kreeg het ook gerealiseerd. Echt bewonderenswaardig. Eerst was het agrarisch land en nu kun je er beverfamilies filmen. Ieder jaar gaan er vijftig- tot zestigduizend mensen naartoe. Vaak vanuit Rotterdam. Het is toch prachtig dat zo veel stedelingen kunnen genieten van de natuur op Tiengemeten. Tweehonderd nachten heb ik er gepost voor mijn film over een beverfamilie. Heel ontroerend. Ik zag de jonkies geboren worden. Leefde met ze mee.

Het zijn schuwe beesten. In het begin, als ik aan kwam varen met mijn bootje, schoten ze onmiddellijk het water in. Na een paar maanden bleven ze gewoon zitten en wisten ze wie ik was. Ik werd onderdeel van hun familie.

Het was verschrikkelijk toen ik na twee jaar klaar was met die film. Vreselijk om het eiland te verlaten.'

En dus heeft Cees zijn aandacht verlegd naar andere eilanden. Net als de bedenker en de vrijwilligers, Kees en Lammert, is hij lyrisch over het nieuwe land.

'Iedere keer als ik hier kom is er weer iets nieuws te filmen. De watervlooien, de kreeftjes, je hebt hier landschappen die soms buitenaards zijn.'

'De Marker Wadden zijn onvoorstelbaar spannend. Ik begon in 2016 met mijn film toen het zware materieel hier aankwam. De baggerschepen en de grote buizen die het zand moesten opspuiten. Er was nog helemaal niks. We bouwen deze eilanden puur voor de natuur, niet om op te wonen of gewassen te verbouwen. Het is nooit eerder gedaan. Een wonder.

En het is een prachtig project om te filmen, omdat er steeds weer zoveel verandert. Iedere keer als ik hier kom is er weer iets nieuws te filmen. De watervlooien, de kreeftjes, je hebt hier landschappen die soms buitenaards zijn. Voor je ogen zie je de evolutie in beeld. Neem het hele scheppingsverhaal, vervang het woord God door natuur, dan is dat wat je hier ziet.'

Met onwaarschijnlijk veel geduld werkt Cees aan zijn eilandenfilm. Ondertussen staat er alweer een nieuw project op stapel, een film over wolven. Niet in Nederland, maar in Duitsland jaagt Cees met zijn camera op wolvenfamilies. In eigen land wil hij het liefst filmen op het Kroondomein, waar de wolven ook rondlopen, maar hij wacht nog op koninklijke goedkeuring.

'Heel jammer, maar ik blijf het proberen. Met mijn film over de Marker Wadden wil ik laten zien dat je in hoog tempo kunt herstellen wat wij allemaal kapot hebben gemaakt.
75 procent van alle insecten is inmiddels verdwenen. Dat bericht krijgt amper aandacht in het Journaal, maar het is echt een grote ramp. De insecten zijn een fundament van de natuur, en die essentiële schakel dreigt nu weg te vallen. Wij hebben natuurlijk een dramatische invloed op de natuur. We breken de boel af. Heel vreemd dat er nog steeds mensen zijn die dat niet willen zien. Wat er gebeurt met planeet aarde is een ramp in slow motion.

'Wat er gebeurt met planeet aarde is een ramp in slow motion.'

Het doel van mijn films is toch de zoektocht naar schoonheid. Een ijsvogel die uit het water duikt terwijl het water van zijn veren spat. Ik wil een mooi verhaal vertellen. Daarom zie je in mijn films geen mensen, die verstoren het beeld.'

We lopen verder over de Marker Wadden. Het regent zacht, de dagjesmensen lopen terug naar de boot. Nog even en de twee vrijwilligers hebben het eiland weer voor zichzelf, samen met duizenden vogels.

Cees ziet het al voor zich.

'Over tien jaar zien de Marker Wadden er veel afwisselender uit dan nu. Dit is de pioniersfase, nu is de natuur aan zet. Een grote bult zand wordt langzaam groen, over een paar jaar heb je wilgenbosjes en een moeras. Net als Tiengemeten zijn de Marker Wadden in ontwikkeling. De natuur is nooit af, er is geen vooropgezet plan. Het wordt altijd anders.

Dit is nu mijn leven, met mijn camera ben ik een goudzoeker in de natuur. Ik ga me niet met hem vergelijken, maar Sir David Attenborough is nu 92. Hopelijk mag ik net zo lang doorgaan.'

We lopen terug naar de aanlegsteiger en stappen aan boord van de Abel Tasman. Een zuidooster laat de zeilen van de driemaster bollen, de steven richting Lelystad. In de verte verdwijnen de eilanden, de groene oase en het vogelparadijs.

Wandelroute De Marker Wadden

Startpunt:
Haven
Marker Wadden

Afstand:
ongeveer 16 km

De Marker Wadden zijn honderd procent wandelgebied. Fietsen of andere voertuigen zijn er niet toegestaan. Het haveneiland is op verschillende manieren te bereiken. Met een privéboot (er zijn 26 boxen, wel reserveren) of met de veerboot die regelmatig vertrekt vanuit Lelystad. Diverse chartermaatschappijen bieden dagtochten aan met historische zeilschepen.

- Op het bezoekerseiland is een stelsel van paden en routes waarvan de aanlegsteiger het beginpunt vormt. Totale lengte van de routes is ongeveer 16 km.
- Een deel van de routes is geschikt voor mensen met een beperking.
- Ontdek het strand achter de haven of langs de noordkant.
- Op het eiland staat uitkijktoren de Steltloper, van hieruit kun je de hele archipel overzien.
- Verder zijn er drie hutten om vogels te bekijken.
- Voor overnachtingen zijn er vier kleine eilandhuisjes.

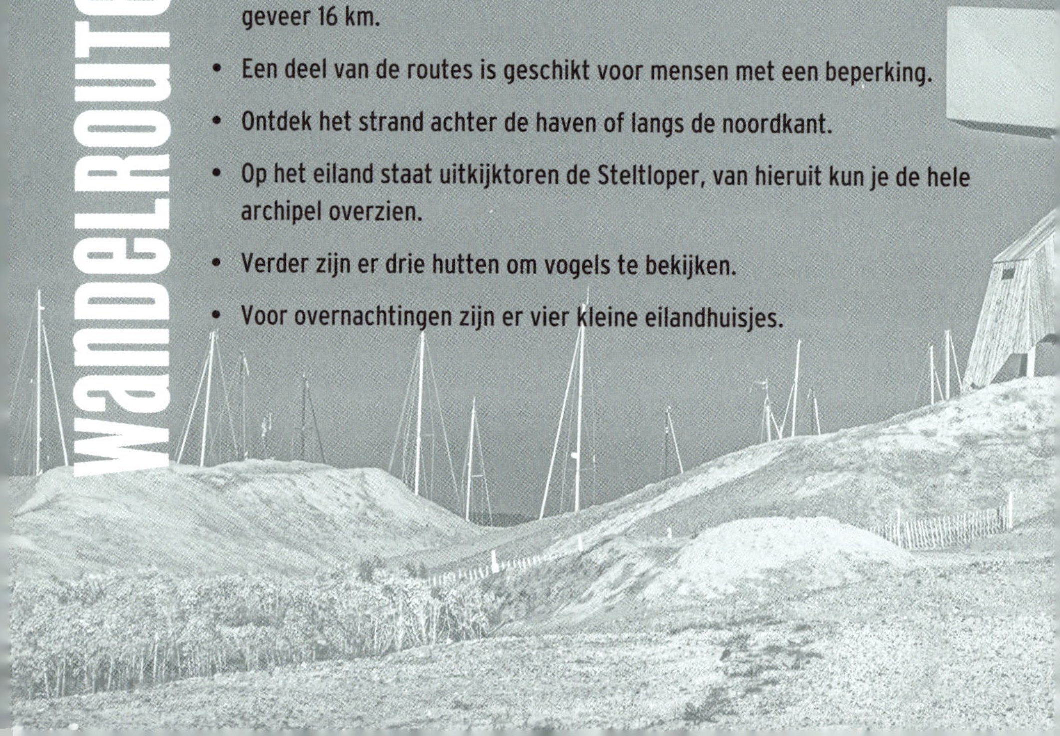

Pleisterplaats:
Het Eindpaviljoen bij de haven.
Hier vind je een informatiepunt
en een klein restaurant.

Gerendal

Het Gerendal

Het Toscane van Limburg

De meeste boswachters zijn getrouwd met het natuurgebied waarin ze werken. Dat geldt ook voor Michel Cabbolet in Zuid-Limburg. Hij houdt kantoor midden in het drie kilometer lange Gerendal, een van de mooiste gebieden van Zuid-Limburg.

Er staan twee vakantiehuizen, maar verder is er in het heuvelachtige dal geen huis te bekennen. In het voorjaar bloeien overal orchideeën, er zijn kleine akkers, weilandjes barstensvol met bloemen, en beboste, kalkrijke hellingen. Al tien jaar vieren we hier familievakantie met mijn ouders, mijn zus en haar gezin en het verveelt geen seconde. Alle jaargetijden zijn er mooi en alle wandelingen een genot. Pas na 25 jaar wandelen in Zuid-Limburg ontdekte ik het verscholen Gerendal. Als ik ooit nog terugga naar deze provincie, zou ik hier liefst willen wonen.

Mijn liefde voor het Gerendal deel ik met boswachter Michel Cabbolet.

'Iedere dag weer als ik het dal inrijd is dat een fantastisch moment. Als ik op een helling sta in de ochtendzon en je hoort wat er om je heen gebeurt, dan is dit het paradijs.

Er zit hier van alles, dassen, reeën, zwijnen en vossen. Mijn vader heeft wel eens gezegd: Je bent bevoorrecht dat je de schoonste lucht van Nederland mag inademen. Hij vindt het geweldig dat ik hier werk.'

Michel heeft mazzel. Hij werkt in het gebied met de hoogste biodiversiteit per vierkante meter van Nederland. Alles is hier in balans. Koeien en schapen worden voor november uit de wei gehaald, zodat ze de eitjes van insecten niet vertrappen. We wandelen vanaf Michels kantoor richting de orchideeentuin, een van de publiekstrekkers in het voorjaar. Het is mei, zonnig en een aantal orchideeën op de kalkhelling staat al in bloei. Net boven de tuin staat op het hoogste punt een bankje met een magistraal uitzicht over het dal.

Dit is Nederland zoals het zou moeten zijn en juist daarover maakt Michel Cabbolet zich grote zorgen. Hij heeft een uitgesproken mening over wat er misgaat in zijn natuurgebied.

'Ik lig er wel eens wakker van. Ons kikkerlandje is na de Verenigde Staten nummer twee van de wereld als het gaat om agrarische export. Dat is een enorme bedreiging voor dit landschap. Nederland ligt verstopt onder een stikstofdeken. Stikstof wordt uitgestoten door de megaveestallen van soms wel vijf verdiepingen hier vlakbij in Noord-Brabant en Limburg. Graslanden komen daardoor vol te staan met

'De grensstreek staat van oudsher bekend vanwege smokkelaars en stropers.'

fluitenkruid en allerlei grassoorten waardoor bloemen en planten er niet meer kunnen groeien. Je kijkt hier uit over de arme kalkhelling waar in de zomer de orchideeën bloeien. Dat is een heel kwetsbaar microklimaat. Niet alleen de landbouw, maar ook de uitbreiding van het vliegveld bij Maastricht vormt een bedreiging. Het vliegverkeer is een enorme vervuiler. Het laat ook zien dat deze provincie niet bezig is met de natuur. Ze adverteren met het Limburgse groen, maar stimuleren de industrie. Daar ben ik niet blij mee. Maar ja, wij zijn de zachte sector. Als er klappen vallen, is dat als eerste in de natuur en de gezondheidszorg.'

Met hart en ziel is Michel betrokken bij 'zijn' natuurgebied. Ook al krijgt hij soms kritiek van wandelaars op zijn werk bij Staatsbosbeheer.

'Toen er wild werd afgeschoten in de Oostvaardersplassen werden we er zelfs hier streng op aangesproken. Als we zonder de mensen te informeren bomen gaan kappen, wordt er meteen een actiegroep opgericht. In de Schoorlse Duinen is dat gebeurd bij mijn collega boswachter Frans Erinkveld.'

Maar het grootste probleem in Zuid-Limburg zijn de stropers. Alles wat kostbaar is wordt geroofd, de zeldzame planten, zoals de bokkenorchis, maar ook de pestvogel. De grensstreek staat van oudsher bekend vanwege smokkelaars en stropers. Michel Cabbolet kreeg een oplossing om de stropers aan te pakken op een presenteer-

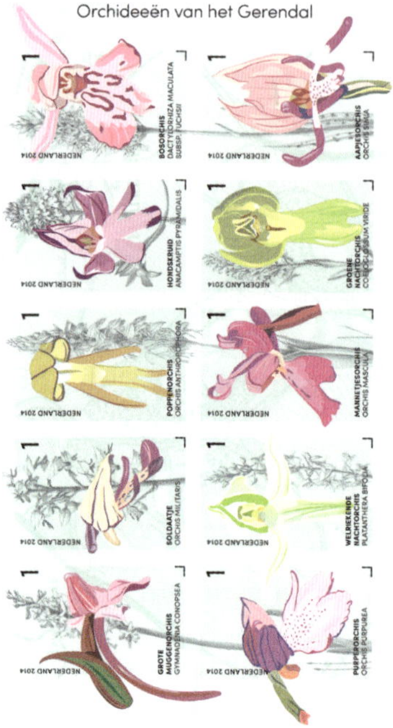

Orchideeën van het Gerendal

blaadje aangereikt. Twee jaar geleden belde het Korps Mariniers. De elite-eenheid was op zoek naar een heuvelachtig bosterrein waar mariniers zich dagenlang schuil konden houden voor een militaire oefening. Kon dat misschien in Zuid-Limburg? Michel zag meteen voordelen en zei gretig ja.

‘Ik heb gevraagd of de mariniers wilden uitkijken naar stropers in het Vijlenerbos. Vonden ze leuk. Je moet die stropers op heterdaad betrappen in de schemering. Bijvoorbeeld bij het ophangen van een mistnet. Daar vliegen de vogels dan in en raken hopeloos verstrikt in de plooien. De kostbare vogels nemen ze mee en de rest draaien ze de nek om.

De mariniers begonnen meteen te stuiteren. Die houden wel van een katen-muisspel. Ik vertelde ze dat er mensen tussen zitten met wapens die nergens voor terugdeinzen, vergelijkbaar met drugscriminelen, want het gaat om heel veel geld. Uiteindelijk hebben de mariniers een aantal stropers te grazen genomen en hardhandig het bos uitgezet.

Het doet me goed dat het gelukt is. De actie was een succes, dus de mariniers mogen met plezier nog een keer terugkomen.’

Ondanks de stropers overheersen voor Michel de charme en de schoonheid van het Gerendal. We wandelen langs een kudde Mergellanders die zich tegoed doet aan het gras op de hellingen. Een bijna uitgestorven schapensoort, totdat de plaatselijke herders zich over hen ontfermden. Mooier kan het niet, vindt Michel.

‘Als je Zuid-Limburg op zijn allermooist wilt zien, zonder het massatoerisme, moet je hiernaartoe komen.’

Dat is een gevaarlijke oproep, want voordat je het weet wordt het dal overspoeld. Maar gelijk heeft hij wel. Het Gerendal staat in mijn persoonlijke top drie van natuurgebieden van Nederland.

Wandelroute het Gerendal

Startpunt:
Parkeerplaats Gerendal
Gerendal 3-7
6305 PA Schin op Geul

Afstand: 12 km
Duur: 3 uur

- Vanuit de parkeerplaats rechtsaf over het verharde weggetje. Deze weg door het Gerendal ruim 1,5 km blijven volgen.
- Bij de Y-splitsing met het kruisbeeld links aanhouden. De verharde weg wordt een onverharde weg.
- Op de T-splitsing linksaf de berg op.
- Aan de volgende T-splitsing, met links een bank en een grijze steen als markering van de gemeentegrens Eijsden-Margraten, rechtsaf.
- Eerste weg links en deze veldweg geruime tijd volgen.
- Op de kruising met de Hoeve Blankenberg meteen rechts, de verharde weg. Dit weggetje ongeveer 1,5 km volgen tot voorbij de Berghof vakantieappartementen. Nog verder doorlopen tot aan smeedijzeren wegkruis aan de rechterkant. Hier linksaf slaan.
- Op de T-splitsing rechts en op de volgende T-splitsing links, wegwijzer richting Gulpen. Deze verharde weg blijven volgen, zijwegen negeren.
- In de bebouwde kom van Gulpen rechtsaf. Op de splitsing Deken Hennissenstraat weer rechts en dan aan de Dorpsstraat weer rechtsaf. Doorlopen tot de dorpskern naar herberg De Zwarte Ruiter (6,5 km).
- Bij vertrek vanuit De Zwarte Ruiter linksaf en bergop de Dorpsstraat volgen. Deze drukke weg blijven volgen, de groene paaltjes.

- Links afslaan, de groene paaltjes volgend, een pad met een inrijverbod voor auto's. Dit pad komt uit in de buurtschap Beertsenhoven.
- Bij de splitsing in het buurtschap rechtsaf.

Pleisterplaats:
Herberg De Zwarte Ruiter
Markt 4
6271 BD Gulpen

- Eerste veldweg links, groen/rode paaltjes.
- Aan de verharde weg links, het dorp Stokhem.
- Op de T-splitsing links, en dan voor de Mariakapel rechtsaf richting campings Gele Anemoon en Gronselerput.
- Dit weggetje wordt een onverhard pad langs de Geul. Dit mooie pad blijft de Geul volgen.
- Op de splitsing bij Engwegen rechts aanhouden, een verharde weg.
- Aan de splitsing met de voorrangsweg links en deze blijven volgen. Aan deze weg liggen diverse horecazaken om de wandeling af te sluiten.
- Bij het bruine bord 'Gerendal' rechtsaf om weer op het startpunt de parkeerplaats Gerendal te komen.

Leersumseveld

Het Leersumse Veld

Jane Goodall heeft een hekel aan 'hiken'

Het favoriete boek van mijn dochter is *Bedtijdverhalen voor rebelse meisjes*, een boek over honderd rebelse, invloedrijke vrouwen zoals Malala Yousafzai en Michelle Obama.

Haar lievelingshoofdstuk begint zo:

> Er was eens een meisje in Engeland en ze heette Jane.
> Jane hield enorm van klimmen in bomen en boeken lezen. Ze had een droom. Jane wilde naar Afrika reizen en tijd doorbrengen met wilde dieren.
> Op een dag vloog ze naar Tanzania met haar aantekenboek en een verrekijker. Ze was vastberaden, Jane wilde een studie maken van chimpansees in het wild.

Net als mijn dochter houden veel mensen van Jane Goodall. Ze is de meest vooraanstaande primatoloog ter wereld en heeft feitelijk het onderzoek naar apen zo'n beetje uitgevonden. Haar baanbrekend werk in Gombe Park in Tanzania zorgde voor een wetenschappelijke revolutie. Ze ontdekte dat chimpansees gebruikmaken van werktuigen.

Grijs staartje, klein van stuk, energiek en priemende ogen. Jane Goodall is een rockster. Overal waar ze binnenkomt krijgt ze een minutenlange ovatie, of het nu in Carré is of in een collegezaal. Ze is onvermoeibaar. Ondanks haar 85 jaar reist ze bijna driehonderd dagen per jaar over de wereld om haar boodschap te verkondigen: het kan zo niet langer doorgaan met het verpesten van onze planeet. Geen woorden maar daden, is haar devies.

Vandaag wandelt ze verkleumd over de hei van het Leersumse Veld op de Utrechtse Heuvelrug. De dagen in Nederland logeert ze hier in een boswachterswoning midden in de natuur. Voor het raam van het huis vliegen koolmezen en op een eikenboom zit een bonte specht. Nogal een contrast met de omgeving en de tocht die ze vorige week maakte in een tropisch Aziatisch land.

'Wat is het ontzettend koud hier, ik ben bevroren,' zegt Jane, terwijl ze tot mijn grote verbazing een sprintje inzet. 'Ik probeer warm te worden, een longontsteking kan ik me niet veroorloven. Als ik het koud krijg vind ik het altijd prettig om te rennen.'

En weer zet ze een sprintje in, ik kan haar nauwelijks bijbenen.

Maanden geleden had ik haar gevraagd of we een wandeling zouden kunnen maken voor dit boek. Ik voel me daar wel licht schuldig over. Ze heeft al zo'n moordend schema, holt van spreekbeurt naar lezing en heeft bijna geen tijd om te ontspannen. En dan valt vanochtend de regen ook nog eens met bakken uit de hemel en staat er een snerpend koude wind.

Mijn openingsvraag, 'Bent u een hiker?', leidt meteen tot een kleine terechtwijzing.

'*Hiking* is een Amerikaans woord. Ik hou niet van dat woord. Het is wandelen! *A brisk walk*, zo noemen we dat in Engeland. Mijn hele leven heb ik gewandeld, liefst met mijn honden. Mijn meest recente wandeling was in het oudste bos ter wereld in Maleisië – daar was het wel een stuk warmer dan hier op de hei.'

Ze kan er hartelijk om lachen. Jane Goodall heeft een Brits gevoel voor humor. Ze bespot zichzelf en de mensen in haar omgeving en doet geen enkele poging zich leuker voor te doen dan ze is. Toch is iedereen dol op haar, maar ook dat lijkt haar nauwelijks te interesseren. Haar werk is het enige wat telt.

'*Hiking* is een Amerikaans woord. Ik hou niet van dat woord. Het is wandelen!'

We ontmoetten elkaar voor het eerst in 2016 voor een opname van *College Tour* in de Koningszaal in Artis.

Ze vertelde gepassioneerd over die eerste jaren in de wildernis van Gombe Park. Het waren haar mooiste jaren, zonder afleiding en invloed van andere bezoekers. En zoals vaker verwees ze naar haar moeder, haar steun en toeverlaat, de motor achter haar onderzoek en ambitie.

‘Ik groeide op tijdens de Tweede Wereldoorlog. Mijn vader heb ik nauwelijks leren kennen. Samen met mijn grootmoeder, was mijn moeder mijn kompas. Ik woon ook nog steeds in het victoriaanse huis van mijn grootmoeder in Bournemouth,’ vertelde ze de studenten tijdens de opname van *College Tour*.

‘Mijn moeder heeft mijn zus en mij altijd aangemoedigd en gezegd dat we onze kansen moesten grijpen. Ik werd uitgelachen toen ik zonder noemenswaardige opleiding en met een paar notitieboeken naar Afrika reisde. Je bent gestoord, kreeg ik te horen, maar niet van mijn moeder. Wat ze toen tegen mij heeft gezegd wil ik graag tegen alle studenten zeggen: “Als je iets echt wilt, moet je er hard voor werken. Maak gebruik van de mogelijkheden en geef nooit op!” Ze gaf me de moed in mezelf te geloven en in mijn ideeën.’

Op jonge leeftijd kwam Jane Goodall in contact met de Britse paleontoloog en archeoloog Louis Leakey. Hij was ervan overtuigd dat de studie van apen in het wild de sleutel kon zijn tot de onthulling van het mysterie van de menselijk evolutie.

Leakey koos drie vrouwelijke onderzoekers voor het veldwerk. Jane was in 1957 de eerste onderzoeker die afreisde naar Afrika. Leakey stuurde haar naar de chimpansees in Tanzania. In de jaren zestig volgde Dian Fossey met het onderzoek naar de berggorilla’s in Rwanda, en Biruté Galdikas met het onderzoek naar orang-oetans in de jungle van Borneo. De drie onderzoeksters kregen de bijnaam *Leakey’s Angels*.

De beeldschone Jane Goodall viel al snel op bij *National Geographic*. Het blad plaatste haar op de cover, wat leidde tot hoongelach onder vooraanstaande mannelijke biologen. Jane werd door hen weggezet als een meisje dat van toeten noch blazen wist.

‘Primatologen vonden het bespottelijk dat ik zo veel aandacht kreeg,’ vertelt Jane met een minzame glimlach.

De namen van de mannen die haar toentertijd niet serieus namen, zijn inmiddels in de vergetelheid geraakt…

‘Leakey had juist voor dit onderzoek vrouwen uitgezocht omdat hij vond dat wij beter konden observeren dan mannen. Hij was ervan overtuigd dat het moederinstinct ons in staat stelde goed te begrijpen wat de behoeften van een dier zijn. Net als baby’s kunnen dieren niet spreken. Daarom zijn vrouwen geduldiger, dat zit in ons.’

Gedurende het eerste jaar van het onderzoek kreeg ze nauwelijks respons op haar toch verbluffende resultaten. Dat veranderde pas toen *National Geographic* een cameraman naar Gombe Park stuurde.

De dan nog jonge Nederlandse natuurfilmer Hugo van Lawick arriveerde in 1959 in het kamp van Jane. Het was pas zijn tweede opdracht en een klus die zijn leven meteen ingrijpend zou veranderen.

Jane vond de komst van Hugo aanvankelijk maar niks. 'Ik had een hekel aan die man. Hij was een indringer in mijn leven met de chimpansees in de bossen. Uiteindelijk pakte het goed uit, want hij bleek een stille man en hij hield van dieren. Pas later werden we verliefd op elkaar en zijn we getrouwd.'

Wat volgt is een ontluikende romance in de jungle van Gombe Park. Het meisje dat vroeger droomde van Tarzan, vindt nu in de Hof van Eden haar toekomstige echtgenoot. Wie op de website van *National Geographic* de 'Jane and Hugo's Love Story' intikt, ziet het prille begin van hun relatie vastgelegd via de camera van Hugo. Het is een liefdesverhaal van een man en een vrouw, maar toch vooral het verhaal van een vrouw die verliefd is op haar werk. Een pionier die zonder wetenschappelijke achtergrond tot grote ontdekkingen komt. Net als Jane vindt ook Hugo zijn vakgebied al doende uit.

Janes indrukwekkende onderzoek, vastgelegd in Hugo's documentaires, heeft een enorme bijdrage geleverd aan de kennis van chimpansees.

'Ik kijk nog steeds graag naar zijn films,' zegt Jane.

In 2016 wordt er een documentaire over het leven van Jane Goodall gemaakt, gebaseerd op meer dan 140 uur nooit eerder gebruikt filmmateriaal van Hugo, met muziek van Philip Glass. Ook al zijn er al tientallen documentaires over haar werk, dit is volgens Jane Goodall de meest indrukwekkende film.

'De prijswinnende documentaire *Jane* is helemaal gebaseerd op Hugo's filmmateriaal. De beelden laten de mooiste jaren van mijn leven zien in Gombe Park.

National Geographic had Hugo gestuurd omdat niemand geloofde in mijn observaties dat chimpansees in staat waren om werktuigen te gebruiken. Hugo moest op camera vast zien te leggen dat een chimpansee daadwerkelijk een stokje gebruikt om termieten uit een holletje te halen. Dat was nog nooit eerder vertoond. En vanwege het simpele feit dat een vrouw zo'n bewering deed, geloofde niemand het. Pas toen een man de beelden filmde, ontstond er opwinding in de wetenschappelijke gemeenschap en was er echt bewijs. Een vrouw was in de jaren zestig volkomen ongeloofwaardig. Ze hadden het alleen maar over mijn mooie benen. Ik had toen trouwens ook prachtige benen. En nog steeds.'

Jane en Hugo wonen samen in Gombe Park en krijgen er een zoon. En dat levert meteen grote problemen op. Een peuter in een park vol met wilde dieren blijkt al snel levensgevaarlijk.

'We moesten ons zoontje Grub in zijn jonge jaren opsluiten in een kooi, anders zouden de chimpansees hem hebben vermoord. Ze waren stikjaloers op hem.'

Uiteindelijk moest Jane haar zoon naar Engeland sturen.

Na tien jaar huwelijk gingen Hugo en Jane uit elkaar. Hugo van Lawick overleed in 2002, zijn natuurfilms werden bekroond met acht Emmy Awards.

Nog altijd kijkt ze terug op haar jaren in Gombe als de beste tijd van haar leven. Vijf maanden na aankomst in het park kwamen de eerste chimpansees naar haar toe. Dat betekende een doorbraak in haar onderzoek.

'Langzaam gingen ze aan me wennen. Ik leerde hun persoonlijkheid kennen en de relaties die ze met elkaar hadden. Het was een geweldige tijd. Ik wandelde enorme afstanden om de chimpansees te volgen. Dat was zwaar. Ik moest door het bos kruipen en me door lianen heen wringen. Jammer genoeg zijn alle chimpansees die ik toen heb leren kennen inmiddels overleden.'

'Een vrouw was in de jaren zestig volkomen ongeloofwaardig. Ze hadden het alleen maar over mijn mooie benen. Ik had toen trouwens ook prachtige benen. En nog steeds.'

We lopen langs de begroeide vennen op het Leersumse veld, ooit het domein van schapen. Op een aantal wandelaars na, is het er rustig vandaag. Nu grazen hier het hele jaar door Piëmontese koeien om te voorkomen dat de hei overwoekerd raakt met bomen en het pijpenstrootje. Liefst had Jane Goodall uren alleen gewandeld. Jammer van die kille wind. Maar toch is ze blij even verlost te zijn van haar publieke verplichtingen.

'Vaak willen mensen van me weten welk dier na de chimpansee mijn lievelingsdier is. Hoezo mijn lievelingsdier? zeg ik dan altijd tot verbazing van mijn publiek. De chimpansee is helemaal niet mijn lievelingsdier. Hun DNA is voor 99 procent gelijk aan dat van mensen. Ik kwam tijdens mijn onderzoek tot de vreselijke ontdekking dat chimpansees oorlog met elkaar voeren. In een gevecht kunnen ze elkaar verscheuren en zelfs opeten. Wat dat betreft lijkt de chimpansee in veel opzichten op de mens. Mijn lievelingsdier is een hond, die blijft je tenminste altijd trouw.'

We lopen verder over de hei in Leersum. Op de natuurakkers groeien hier in de zomer klaprozen en korenbloemen en boven de vennen in het heidegebied wemelt het van de libellen. Een prachtig afwisselend landschap met hoogteverschillen door de langgerekte stuwwal, uitgestrekte bossen en zandverstuivingen. Het is opnieuw gaan regenen, Jane is er niet op gekleed.

'Ik heb geen ruimte in mijn koffer voor veel kleren.'

Haar schoenen worden drijfnat.

'Jammer genoeg heb ik nooit genoeg tijd voor een wandeling, ik ben altijd gehaast op weg naar de volgende lezing of conferentie. En dat terwijl ik reizen haat en gek ben op wandelen. Wie houdt er nu van vliegvelden en hotels? Altijd weer vertraagde vluchten. Het is vreselijk. Wandelen Gombe is erg veranderd, het is veel te toeristisch geworden.'

Ook tijdens deze wandeling op het Leersumse Veld raakt ze niet uitgepraat over haar missie. De wereld moet weten hoe slecht de natuur ervoor staat. Mensen moeten onmiddellijk in actie komen voordat het te laat is. De primatoloog van vroeger is nu een klimaatactivist.

'We hebben nog een kleine kans om de planeet te redden, maar als we

'Jammer genoeg heb ik nooit genoeg tijd voor een wandeling, ik ben altijd gehaast op weg naar de volgende lezing of conferentie. En dat terwijl ik reizen haat en gek ben op wandelen.'

zorgt er juist voor dat mijn geest wordt gevoed. Het wordt steeds populairder en dat komt natuurlijk ook door de bezorgdheid van mensen over de klimaatopwarming. Een wandeling geeft verbinding met de natuur, dat besef groeit gelukkig weer.'

Jane Goodall heeft altijd haast. Ze wil de jaren die haar nog resten maximaal benutten.

'Ik heb geen tijd om te genieten van de natuur, dat is de ironie van mijn leven. Ik word geleefd. Twee keer per jaar reis ik naar het chimpanseereservaat in Tanzania. Maar

op deze voet doorgaan creëren we een ramp. We hebben er een enorme rotzooi van gemaakt. Het heeft geen zin om alleen maar te demonstreren tegen de klimaatopwarming. Alleen maar protesteren werkt niet, we moeten nu in actie komen.'

Ze is duidelijk niet gecharmeerd van de aanpak van Zweedse klimaatactiviste Greta Thunberg.

'Ze is te confronterend,' zegt Jane. 'Ik ben bang dat haar beweging uit de hand gaat lopen en dat ook jongeren die geweld willen gebruiken zich tot haar aangetrokken voelen. Het heeft geen zin op een agressieve manier met een vinger te gaan wijzen. Daar bereiken we niets mee. Je moet met iedereen praten. Hoe denk je anders iets te kunnen bereiken?'

Jane geeft het voorbeeld van een Afrikaans jongetje van zeven. Ze kwam hem tegen op een school in Burundi.

'"Als ik iedere dag afval opraap," zei hij tegen mij, "dan maak ik toch een verschil?"

Ik zei: "Ja, dan maak je een enorm verschil. En als jij tien vriendjes kunt overtuigen hetzelfde te doen, kunnen zij ook weer tien vrienden uitkiezen." Hij zei: "Wauw, dan kunnen we alles veranderen."

Dat is mijn taak, mensen overtuigen dat we allemaal een verschil kunnen maken.'

Hoe blijft ze optimistisch in een zee van negatieve berichten over het klimaat? We zijn immers nauwelijks in staat ons gedrag te veranderen, we vliegen te goedkoop, eten te veel vlees en stoten veel te veel koolstofdioxide uit. De poolkappen smelten, de zeespiegel stijgt. Toch is hoop volgens Jane de enige optie.

'Hoe kun je kinderen in de wereld veranderen, als je ervan overtuigd bent dat er geen hoop is? We kunnen de toekomst niet voorspellen. Misschien komt er een verschrikkelijke ziekte die een groot deel van de mensheid wegvaagt of worden we getroffen door een meteoriet. We weten het niet. We hebben nog maar weinig tijd om de klimaatverandering om te buigen, maar als iedereen zich inzet is er nog een kans.

We kúnnen het proces vertragen en de ellende die we hebben veroorzaakt proberen te repareren. Maar over een paar jaar is het proces onomkeerbaar. Wereldleiders praten en praten, maar ze doen helemaal niks. Ik heb drie kleinkinderen en ik denk liever niet na over de wereld die we voor hen nalaten. Ik kan alleen mijn best doen. Mijn moeder werd 96 jaar en mijn vader 97, dus er is me vast nog wat tijd gegund.'

De vraag is hoelang ze op haar leeftijd nog dit absurde reisschema kan volhouden. Maar Jane Goodall kan niet anders.

'Ik geef om moeder natuur, zij wil dat ik dit doe. Dit is mijn missie. Ik doe dit omdat mensen me na afloop van iedere lezing vertellen dat ze zich gaan inzetten voor mijn doel, de natuur beschermen. Ik zit als een hamster gevangen in een tredmolen. Ik kan er niet meer uit,' zegt ze lachend.

Midden in de bossen op de Utrechtse Heuvelrug nemen we afscheid. Ze moet vanavond naar de zoveelste bijeenkomst in Amsterdam.

'Moet ik echt naar dat verschrikkelijk galadiner?' vraagt ze Patrick, haar Nederlandse medewerker van het Jane Goodall Instituut. 'Ik heb er totaal geen zin in. Dit is bijna net zo erg als een fotoshoot, daar heb ik ook al zo'n hekel aan.'

Als ik thuiskom blader ik weer door *Bedtijdverhalen voor rebelse meisjes*. Op de eerste pagina worden meisjes over de hele wereld aangespoord 'om groter te dromen, hoger te mikken, harder te vechten, en als je twijfelt, onthoud, je hebt altijd gelijk'.

Dat is ook het levensmotto van Jane Goodall. Bijna 86 jaar, maar altijd een rebel gebleven. Onvermoeibaar in haar strijd. Geïnspireerd door haar moeder geeft ze die boodschap door aan volgende generaties. Laat je door niets en niemand weerhouden. Ze heeft het boek van mijn dochter gesigneerd, mét een opdracht:

For Dylan Rose
Follow your dream!
Jane

Wandelroute het Leersumse veld

Startpunt:
Kantoor Staatsbosbeheer
Maarsbergseweg 18a
3956 KW Leersum

Afstand: 4 km
Duur: 1,5 uur

- Vanaf de parkeerplaats volg je de rode en gele wandelroute.
- Volg het pad dat naar links afbuigt, je wandelt hier langs het boomkunstwerk.
- Na ongeveer een kilometer ga je rechtsaf, door een klaphek, en volg je de rode route.
- Je wandelt een stukje over het rolstoelpad en na 300 m verlaat je dit pad en sla je linksaf.
- Met het water aan je linkerhand sla je na ca. 600 m linksaf en loop je het 'dijkje' op, tussen de Tweede en de Derde Plas door.
- Aan de overkant aangekomen loop je door het klaphek, hier pak je de gele wandelroute weer op die je terugvoert naar het startpunt en parkeerplaats.

Pleisterplaats:
Darthuizen
Rijksstraatweg 315
3956 CP Leersum

Let op: tijdens het broedseizoen van 15 maart tot 1 augustus is een deel van deze route afgesloten. Je kunt dan wel de rode (3 km) en gele wandelroute (6 km) in zijn geheel wandelen.

In het weekend is de Veldschuur (van Staatsbosbeheer) geopend voor een kop koffie of thee.

'GO OUT AND WALK'

Het afgelopen jaar maakte ik bijzondere wandelingen met inspirerende mensen in de mooiste natuurgebieden van het land. Kwetsbare gebieden ook. De druk op beschermde natuurgebieden door landbouw, verkeer en de uitbreiding van steden is immens. Terwijl ik wandelde, protesteerden boeren in Den Haag tegen het stikstofbesluit en milieumaatregelen die hun onderneming bedreigen. Door klimaatopwarming brandde het Australische continent bijna af. En de poolkappen en Groenland smelten in noodtempo.

In Nederland holt de biodiversiteit achteruit. Vogels, zoogdieren, bijen en reptielen, ze hebben het allemaal moeilijk en veel soorten zijn al definitief verdwenen. De Rode Lijst geeft een confronterend overzicht welke soorten in Nederland zijn verdwenen of dreigen te verdwijnen. Geen fijne literatuur. Nog geen 11 procent van Nederland bestaat uit beschermde Natura 2000-gebieden, waarvan het IJsselmeer, de Wadden en de Zeeuwse wateren het grootste deel uitmaken.

De helft van de Nederlandse bevolking leeft in steden en tot mijn verbazing geldt hetzelfde ook voor flora en fauna. Planten en dieren trekken massaal naar de stad omdat daar meer groengebieden te vinden zijn in de stadsparken en tuinen. Bovendien is de grond er minder verontreinigd met kunstmest en bestrijdingsmiddelen. Volgens de Amsterdamse stadsecoloog Remco Daalder zijn er in mijn eigen stad meer planten- en diersoorten te vinden dan op het platteland.

Ieder jaar kijk ik vanaf mijn balkon in Amsterdam reikhalzend uit naar de komst van de gierzwaluw, met stip mijn favoriete vogel. Vanuit overwinteringsgebieden in Afrika leggen ze moeiteloos negenduizend kilometer af en landen feilloos bij mij in de buurt op de toren van de Oranjekerk. Daar broeden ze onder de dakpannen. Gierzwaluwen kondigen de nakende zomer aan met hun felle geschreeuw en duikvluchten hoog in de lucht. Een optimistische vogel, ik word er altijd weer vrolijk van.

Maar hoelang nog, vraag ik me soms af. Zijn we in staat het tij nog te keren? Volgens Jane Goodall kan het, maar dan moeten we wel heel snel zijn. Wandelend door Nederland zie ik de enorme rijkdom die we samen hebben vergaard, een deel daarvan moeten we toch kunnen investeren in de bossen, duinen en cultuurhistorische weilanden. Tenslotte maken we er samen massaal gebruik van. Meer dan tien miljoen Nederlanders trekken met regelmaat de natuur in. Het is in ons belang dat er niet minder, maar meer gebieden ingericht worden met bomen en bossen.

Er is ook goed nieuws. Het besef dat er iets moet veranderen dringt langzaam maar zeker door. Urgenda-directeur Marjan Minnesma en de Haagse jurist Valentijn Wösten dwongen het kabinet rekening te houden met het klimaat en energiebeleid. Eenlingen die met groot succes vochten voor een schoner en mooier Nederland.

Uit een steekproef van Omroep Brabant in december 2019 bleek dat veertig procent van de boeren in die provincie stopt of overweegt te stoppen met hun bedrijf. Ik moest denken aan de paradijselijke zorgboerderij van Doris en Noudje in Mariahout in Noord-Brabant. Hun boerderij is niet meer alleen het domein van dieren, maar ook van demente bejaarden die liefdevol worden opgevangen. Een enkele Brabantse boerenfamilie neemt afscheid van de veestapel en gaat de zorgboerderij van Doris en Noudje achterna. Dat is een prima idee, want de wachtlijsten zijn enorm. En ik moest denken aan prinses Irene, die werd verguisd toen ze in de jaren negentig haar liefde voor de natuur uitdroeg. Een boom knuffelen, tegenwoordig kijkt niemand daar meer gek van op: als ik 'bomen knuffelen' intik op Google ritselt het van de vrolijke foto's van 'treehuggers'. En ja, ik geef het toe, ook ik heb mijn armen om een monumentale eik geslagen op de Strijbeekse Heide in Noord-Brabant, en het was heerlijk.

Het afgelopen jaar was er tijd, lucht en ruimte voor een goed gesprek in het groen. Precies het tegenovergestelde van de jachtige wereld waar ik me de afgelopen decennia in heb bewogen. De wereld van breaking news, rampspoed, televisiecamera's en het publieke domein. Ik wist al dat een wandeltocht goed is voor lichaam en ziel. De stilte in de natuur kalmeert, het ritme van de pas verlaagt de stress en maakt scherp en creatief.

Het leek wel alsof de buitenlucht en de natuur de gesprekken die ik al wandelend had ontdeden van iedere vorm van ijdelheid en ego. Het waren ontspannen conversaties over soms zware onderwerpen. Fluitend reed ik het land door en verheugde me iedere keer weer op een wandeling door een nieuw natuurgebied, en op verrassende en persoonlijke verhalen die ik hoorde. Vaak ging mijn familie mee, mijn ouders, vrouw en kinderen. En ook hoorde ik een echo uit mijn jeugd. 'Moeten we nu alweer wandelen, wandelen is saai,' klaagden mijn kinderen. Na tien minuten verdampten hun bezwaren en liepen ze vrolijk urenlang over de paden, verlost van telefoons en iPads. De gesprekken waren eindeloos, alsof de tijd uitgerekt werd door onze trage pas door het fraaie landschap.

'Het leek wel alsof de buitenlucht en de natuur de gesprekken die ik al wandelend had ontdeden van iedere vorm van ijdelheid en ego.'

En ook las ik alle wandelboeken die ik te pakken kon krijgen. Natuurlijk *Wild* van de Amerikaanse schrijfster Cheryl Strayed, een meeslepend boek, later verfilmd met actrice Reese Witherspoon in de hoofdrol. Strayed wandelt 1770 kilometer over de Pacific Crest Trail langs de Amerikaanse westkust. Ze beschrijft de zware tocht, maar vooral ook haar persoonlijke problemen, een scheiding, de dood van haar moeder en haar drugsverslaving. Het hilarische verslag van Bill Bryson, *Terug in Amerika (A walk in the Woods)*, gaat over Brysons poging samen met een te dikke, alcoholische vriend de Appalachian Trail, 3500 kilometer lang, te wandelen. Ze redden het niet. De Britse Winn Raynor schreef het aangrijpende boek *Het zoutpad* over de tocht van 1000 kilometer met haar doodzieke man over de South West Coast Path in Engeland. Ultralange wandeltochten leveren vaak dramatische verhalen op, want de wandelaar wordt tijdens zo'n tocht met zichzelf geconfronteerd. Dat is een ander aspect van wandelen. Tijdens een solitaire tocht strekt de geest zich uit en neemt een korte vakantie.

'Een vrij man bezit tijd,' schrijft de Noorse ontdekkingsreiziger en wandelaar Erling Kagge in zijn boek *Het plezier van wandelen*. 'Alles beweegt langzamer als ik wandel. De wereld lijkt zachter en voor even zijn er geen huishoudelijke taken, vergaderingen en lees ik geen manuscripten.'

Zo verging het mij het afgelopen jaar ook. Ik nam de tijd voor lange tochten en genoot van het gezelschap, de gesprekken en vooral van de schitterende Nederlandse natuur.

Een van de mooiste wandelingen maakte ik alleen door de bossen van New Hampshire, in de buurt van het huis van mijn vrienden Jamie en Camilla. Na een lange tocht belandde ik in een besneeuwd landschap op een heuveltop bij een boeddhistisch klooster. Het was nog vroeg in de ochtend, monniken waren nergens te bekennen. Naast de oprijlaan naar het hoofdgebouw lag een grote rots met de inscriptie: *It's like this*, Ajahn Sumedho.

Meer niet. Wat betekende die zin en wie was Ajahn Sumedho. Camilla vertelde me dat Ajahn een van de prominente leraren was in de Thaise Bostraditie van het Theravada boeddhisme. Samen met Jamie was ze gaan luisteren naar een van zijn toespraken in het klooster. 'Het was indrukwekkend,' vertelde Camilla. 'Niet alleen vanwege zijn wijze woorden, maar vooral ook omdat hij een enorm goed gevoel voor humor heeft. Er werd ontzettend veel gelachen.'

Het belangrijkste advies van Ajahn Sumedho is: zie de dingen zoals ze zijn, niet zoals je wilt dat ze moeten zijn of niet moeten zijn. 'It's like this.'

Goede raad. Dwangmatig alles onder controle houden, we proberen het allemaal, maar het zal nooit lukken.

Zolang ik kan, trek ik de wandelschoenen aan voor een lange tocht door de natuur. Precies zoals de Amerikaanse kunstenaar Maira Kalman schreef: 'Go out and walk. That's the glory of life.'

Of zoals wij in Limburg zeggen: 'Gank mer wiejer en maak andere bliejer.'

WOORD VAN DANK

Twaalf maanden lang, van januari tot december 2019, zwierf ik door de mooiste natuurgebieden van Nederland. Overal sprak ik met de boswachters van Staatsbosbeheer en Natuurmonumenten. Zonder hun unieke kennis en bezieling had ik dit boek niet kunnen schrijven.

Els Dubbink en Zwier van Olst boden onderdak in de boswachterswoningen van Buitenleven Vakanties en wezen me onder andere de weg naar Tiengemeten, een betoverend eiland. Het was liefde op het eerste gezicht.

Isi de Jong hielp me bij de selectie van de foto's voor dit boek. Fotograaf Martijn de Jonge vergezelde me op de reis in 1991 met Jan Wolkers naar Rottumerplaat. Zijn foto van Jan Wolkers met zijn *Stars and Stripes*-paraplu brengt die geweldige tocht weer tot leven.

Marieke van Oostrom en Job Lisman van Uitgeverij Prometheus tilden het manuscript naar een hoger plan. Rijntje Slooten en Corinke Moerdijk droegen zorg voor de mooie vormgeving en als altijd overzag Mai Spijkers de publicatie.

Alle gasten die meewandelden ben ik dankbaar voor hun mooie verhalen en kameraadschap. En natuurlijk mijn ouders Bets en Frits, zij reisden mee door Nederland en vertelden al wandelend hun levensverhaal. Jack en Dylan Rose legden, bijna zonder klagen, enorm veel kilometers af. Hopelijk zijn ze voor eeuwig besmet met het wandelvirus. En Cheryl kan ik nooit genoeg bedanken voor haar liefde, steun en wandellust.

FOTOVERANTWOORDING

Vijlen

p. 16-17: Bob Luijks / Buiten-beeld
p. 20, Bets en Frits Huys: Twan Huys
p. 23, Dylan Rose en Jack: Twan Huys
p. 25: Bob Luijks / Buiten-beeld

Het Springendal

p. 28-29: Marc Guyt / AGAMI
p. 33, Herman Finkers: Twan Huys
p. 37: Twan Huys

De Kaapse Bossen

p. 40-41: Martin van Lokven
p. 49, prinses Irene: Twan Huys
p. 51: Dirk-Jan Kraan

Het geheim van Terschelling

p. 54-55: Marieke Feenstra
p. 58, Jan Wolkers en Twan Huys: Martijn de Jonge
p. 63: iStock

Het Leudal

p. 66-67: Bob Luijks / Buiten-beeld
p. 73, Jan Keunen en Frits Huys: Twan Huys
p. 75: Wouter Pattyn / Buiten-beeld

Tiengemeten

p. 78-79: iStock
p. 82, Eduard Reuvers: Twan Huys
p. 91: Nico van Kappel / Buiten-beeld

De Strijbeekse Heide

p. 94-95: iStock
p. 98, Liza van Velzen: Twan Huys
p. 101: Judith Borremans

De Manteling

p. 104-105: Hannie Joziasse / Buiten-beeld
p. 109, Noudje van Bussel en Doris van Vuuren: Twan Huys
p. 113: Nico van Kappel / Buiten-beeld

De Duivelsberg

p. 116-117: Ruben Smit / Buiten-beeld
p. 119, Thijmen van Heerde: Twan Huys
p. 121: Misja Smits / Buiten-beeld

De Millingerwaard

p. 124-125: Bendiks Westerink / Buiten-beeld
p. 128, Caspar Janssen: Twan Huys
p. 135: Wouter Pattyn / Buiten-beeld

De Schoorlse duinen

p. 138-139: Ronald van Wijk / Buiten-beeld
p. 141, Frans Erinkveld: Twan Huys
p. 145: Ronald van Wijk / Buiten-beeld

De Mariapeel

p. 148-149: Bob Luijks / Buiten-beeld
p. 152, Jack Poels: Twan Huys
p. 157: Nico van Kappel / Buiten-beeld

De Leuvenumse bossen

p. 160-161: Els Branderhorst / Buiten-beeld
p. 164, Wim Schraven: Twan Huys
p. 167, Mirte Kruit: Twan Huys
p. 171: Cees van Kempen

Gaasterland

p. 174-175: Marijke Kodden
p. 177, Geert Mak: Twan Huys
p. 185: Henny Brandsma / Buiten-beeld

De Marker Wadden

p. 188-189: iStock
p. 192, Cees van Kempen: Twan Huys
p. 199: Marieke Feenstra

Het Gerendal

p. 202-203: Bob Luijks / Buiten-beeld
p. 206: Studio Beige
p. 207: iStock

Het Leersumse Veld

p. 210-211: Fred van Wijk / Buiten-beeld
p. 215, Jane Goodall en Twan Huys: Patrick van Veen
p. 221: Fred van Wijk / Buiten-beeld

Schutbladen: Sebastiaan Algra / Buiten-beeld